JN083738

2Dドットゲーム

クックブック

Color Index
収録作品の紹介

● アクションゲーム
　指先の反射神経と直感がモノを言うリアルタイムアクション！

ジャンプレーサー

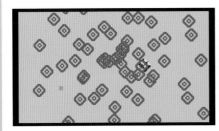

タマゲッター

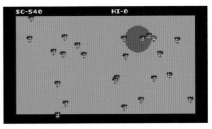

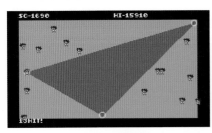

pixel-perfect danmaku

日曜ゾンビ１〜恋のマシンガントーク〜

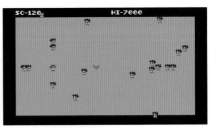

日曜ゾンビ２

日曜ゾンビ３

Miko blade

● アクションパズル

スピードと思考力が試される！じっくり考えてる暇はない！

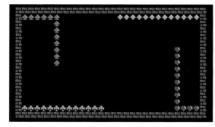

陣取りゲーム

ペンギンランド大乱戦！

LetterCatch

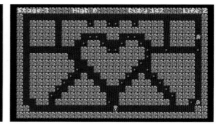

冒険野郎☆朴さん

● 対戦アクションゲーム

ジョイパッドを２個つなぎ、二人でバトルで盛りあがろう！

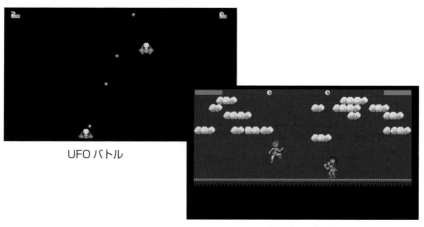

UFO バトル

ケンカ・ガール

Color Index

● ワンキーアクション

使用するキーはたった一つ、シンプル・イズ・ベストゲームズ！

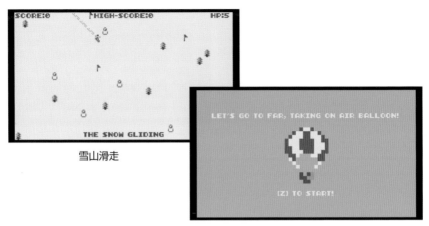

雪山滑走

気球にのってどこまでも

● シューティングゲーム

銃撃戦で熱くなれ！無数の弾をかわし、敵を残らず撃ち落とせ！

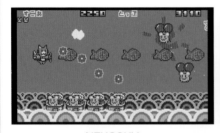

NEKOSKY

銀河布教ザビエル

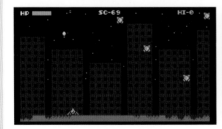

ALIEN SHOOTER

スペースバスター

● ロールプレイングゲーム

勇者よ！戦いの経験を積み重ねて強くなり、強敵を倒せ！

３ぷんＲＰＧ

ドラゴンスレイニャー

ダンジョンウォーカー

● シミュレーションゲーム

空想のゲーム世界で模擬宇宙戦争。戦略を練り人類の敵を駆逐せよ！

SPACE UNICORN

Color Index

● アドベンチャーゲーム

場面ごとの状況をみて行動を選択し、ハッピーエンドを目指そう！

エスケイプルーム

● パーティゲーム

だれでも楽しめるノンストレスなゆるゲーで気分を晴らしましょ (^^*

ビックリコングのジャンケンポン!!

帰ってきた野球拳

● デモ

オモシロくてテクニカルなデモンストレーションがいっぱい。

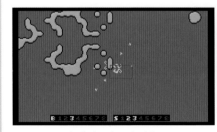

セルオートマタイル

Sierpinski Carpet using Recursion

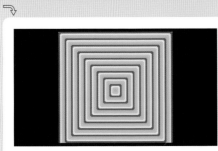

パレットアニメーション

ひらがな表示

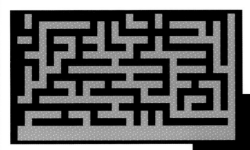

MAKEMAZE

レインボー

● ツール

キミの創作をサポートをする便利な道具。

お習字プログラム

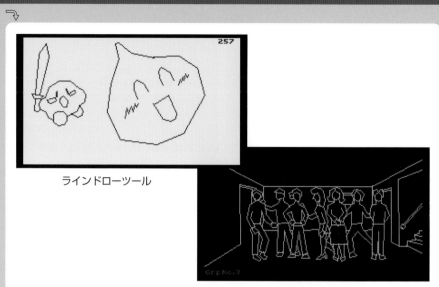

ラインドローツール

ラインドロー

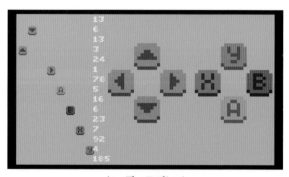

キーディスプレイ

ポーズデータ作成支援ツール

はじめに

　本書は、「プログラミングの入門書」ではありません。

　バラエティに富んだ「TIC-80」のショートプログラム作品を多数紹介しつつ、そこから実践的なプログラムのレシピを伝えられたら…と、企画制作したプログラム本です。

＊

　一つ一つの作品に使われているリソース（「絵」や「音」などの素材）をオーバービューで紹介し、プログラムについては行ブロックごとのコメントで解説し、全体的な作りを、把握し理解しやすい紙面を目指しました。

　多くの作品を楽しんでもらいながら、
「音ってどう設定するのかな？」
「このプログラムは何してんだろ？」
「こんな絵を描いて動かしてたのか〜」
…と自分で作る際のヒントにして読んでもらえたら、まさに狙い通りです。

　本書が少しでも読者がゲーム作りを楽しむきっかけになれば、嬉しく思います。

悠黒 喧史

● 掲載プログラムの作者一覧（順不同・敬称略）

魚鈎 (uokagi)、法貴優雅 @MYAOSOFT、verysoftwares、SUMA、26℃、potatoimaginator、常磐祐矢、Kikeroga

Thanks to Vadim Grigoruk (Nesbox).

2D ドットゲーム クックブック

CONTENTS

CONTENTS

巻末附録

サンプルのダウンロード

　本書の**プログラムリスト**や**サンプルデータ**は、サポートページから
ダウンロードできます。

http://www.kohgakusha.co.jp/support.html

　ダウンロードした ZIP ファイルを、下記のパスワードを「大文字」
「小文字」に注意して、すべて「半角」で入力して解凍してください。

B4gbDaa3

　※ パスワード付き ZIP ファイルがうまく解凍できない場合は、別の解凍
ソフトなどをお試しください。

MIT ライセンスについて

　「TIC-80」の著作権／ライセンス表示は下記の通り。

　簡単に言うと「著作権とMIT ライセンスである旨を表示すれば、誰でも
無償で無制限にあつかっていいけど、作者 (著作権者) はソフトウェア
に関して何があっても責任を負いません」というライセンスです。

MIT License
Copyright (c) 2017 Vadim Grigoruk
Permission is hereby granted, free of charge, to any person obtaining a copy of this
software and associated documentation files (the "Software"), to deal in the Software
without restriction, including without limitation the rights to use, copy, modify, merge,
publish, distribute, sublicense, and/or sell copies of the Software, and to permit persons to
whom the Software is furnished to do so, subject to the following conditions:
The above copyright notice and this permission notice shall be included in all copies or
substantial portions of the Software.

THE SOFTWARE IS PROVIDED "AS IS", WITHOUT WARRANTY OF ANY KIND,
EXPRESS OR IMPLIED, INCLUDING BUT NOT LIMITED TO THE WARRANTIES
OF MERCHANTABILITY, FITNESS FOR A PARTICULAR PURPOSE AND
NONINFRINGEMENT. IN NO EVENT SHALL THE AUTHORS OR COPYRIGHT
HOLDERS BE LIABLE FOR ANY CLAIM, DAMAGES OR OTHER LIABILITY,
WHETHER IN AN ACTION OF CONTRACT, TORT OR OTHERWISE, ARISING FROM,
OUT OF OR IN CONNECTION WITH THE SOFTWARE OR THE USE OR OTHER
DEALINGS IN THE SOFTWARE.

●各製品名は一般に各社の登録商標または商標ですが、®および**TM** は省略しています。

第1部

基礎編

まずは「TIC-80」について簡単に紹介しましょう。

TIC-80 tiny computer

「TIC-80」とは？

　「TIC-80」は、小さな「ドット・ゲーム」を作ったり遊んだりするための "キッズ・パソコン" のようなソフトです。

　教育目的や個人のホビーとして小規模でレトロスタイルな「ドット・ゲーム」を作れるように、

・240 × 136 ピクセルの画面
・16 色パレット
・4 和音の演奏機能

など、あえて制約された仕様で設計されており、必要な開発用ツールも "オール・イン・ワン" で組み込まれています。

　さらに「MIT ライセンス」で公開されており、誰でも無料で自由に使用できます。

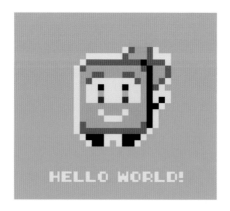

「TIC-80」の開発用ツール

● コマンド・コンソール (Console)

「TIC-80」を起動すると、最初にこの「コンソール画面」が開きます。

作成中のプログラムの「セーブ」「ロード」「実行」などを行ない、「SURF」というコマンドでWeb公開されている他のユーザーの作品を遊ぶこともできます。

● コード・エディタ (Code Editor)

「Lua」というプログラム言語をベースに「TIC-80」独自の「API命令」を組み合わせてプログラミングします。

プログラムコードの最大容量は「64KB」(65536バイト)です。

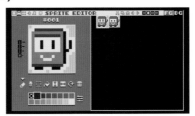

● スプライト・エディタ (Sprite Editor)

16色パレットで「8×8」「16×16」「32×32」「64×64」ドットいずれかのサイズでキャラクタを描けるエディタです。

「8×8」ドットのキャラクタなら512個も作成できます。

● マップ・エディタ (Map Editor)

「ドット・エディタ」で作ったキャラクタを並べてゲームの背景となるマップを描くことができます。

広さは「8×8」ドットのキャラクタなら「横に240個」「縦に136個」。

● 効果音エディタ (SFX Editor)

「音の波形」「ボリューム」「アルペジオ」
「ピッチ」などを編集して、いろいろな
効果音を作ることができます。

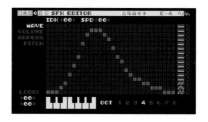

● 音楽エディタ (Music Editor)

「8オクターブ」「64種の音色」「4つ
のチャンネル」(和音)を使って作曲し
ます。

1つのプログラムごとに「8トラック」
ぶんの曲を保存できます。

「TIC-80」最新版は公式サイトで

● 「TIC-80」の入手

最新版「TIC-80」を入手したい場合は、以下 URL の公式サイトでダウン
ロードできます。

```
https://tic.computer/create
```

公式サイトのホームページを開き、自分のパソコンに合った OS のアーカ
イブファイルをダウンロードします。

Windows 版であれば「tic80_0.70.6.zip」になりますが、バージョン表記
「0.70.6」の部分は変わるので、適時読みかえてください。

● 「TIC-80」のインストール

例として Windows の場合、アーカイブファイルを解凍後、任意のフォルダに配置します。

> ※ デスクトップに「tic80.exe」へのショートカットも作っておくと便利です。

「TIC-80」初回起動時には、以下のパスに「TIC-80」のカレントフォルダが自動作成されます。

・TIC-80 カレントフォルダ

C:¥Users¥%username%¥AppData¥Roaming¥com.nesbox.tic¥TIC-80

「%username%」の部分は、自分の Windows ログインユーザー名になります。

「TIC-80」で作ったプログラム (.tic ファイル) は、通常このフォルダに保存されます。

> ※ Windows 以外の場合、「TIC-80」のコマンド「FCRDER」でこのフォルダを開いて確認できます。

「TIC-80」クイックスタート

[1] 「TIC-80」の起動

デスクトップのショートカットから「TIC-80 アイコン」または「tic80 実行ファイル」をダブルクリックします。

すると、最初に次のような「コンソール画面」が立ち上がります。

[F11] キーでいつでも「フルスクリーン・モード」と「ウィンドウ・モード」を切り替えることができます。

> ※ ウィンドウ画面右上の [×] ボタンでいつでも終了できます。

[2] プログラムの実行

「TIC-80」を起動して、「コンソール画面」の状態から [ESC] キーを押すと、プログラムを入力する「コード・エディタ」の画面に切り替わります。

するとなぜか、最初から「コード・エディタ」上にはすでにプログラムが書かれています。

実は「TIC-80」では、起動時には自動的に「HELLO WORLD!」プログラムが読み込まれるようになっているのです。

ここでもう一度 [ESC] とし、コンソール画面上で「RUN」コマンドを打ってみましょう。

そうすると、現在読み込まれている「HELLO WORLD!」プログラムが実行されます。

「カーソル・キー」を押すと、「TIC-80」のアイコンキャラを上下左右に移動できます。

[ESC] でプログラムを中断できます。

[3] プログラムの変更 - コード・エディタ

もう一度 [ESC] キーを押して「コード・エディタ」に切り替え、プログラムの一部を変更してみましょう。

「HELLO WORLD!」の部分を好きなメッセージに変えてみてください。

[例]「Welcome to this Happy time!」

[ESC] でコンソールに戻って、「RUN」コマンドを実行します。

プログラムは変更された通りに実行されましたか？

● メイン関数「TIC」について

毎秒 60 回、自動的に呼び出される、「TIC-80」のプログラム実行の中心になる部分。それがプログラム内に必須の唯一の関数 **「TIC()」** です。

TIC 関数は、「function TIC()」で始まり「end」で終わります。

```
function TIC()
        -- ここに好きなようにプログラムを書いてねん
end
```

「function TIC()」と「end」の間の行に、あなたの書きたいプログラムを入れれば、そのプログラムが 1 秒間に 60 回、自動的に呼び出されて実行されます。

毎回呼び出す必要がないプログラムや、自分で定義する別名の関数は TIC 関数の外側に書いてかまいません。

> ※ ただし、「function TIC()」と「end」の間に何も書くことがなくても「TIC 関数」は一つのプログラム内に必ず書くことになっているので忘れないでください。

● カートリッジ・メタデータ

行の最初にハイフンを 2 つ「--」付けると **「コメント文」** になります。

1 ～ 4 行目 に書いてあるコメント文は **「メタデータ」** と呼ばれる部分です。

先頭に「--」があるように「コメント文」なので、プログラムの実行そのものに影響はありません。

書かなくてもエラーにはならないのですが「TIC-80」の公式サイトに作品登録（アップロード）する際に、この「メタデータ」の部分が自動的に参照され Web ページに紹介される仕組みになっています。

ですので、公式サイトに作品公開する場合には、必須のコメントとなります。

```
-- title:  game title
-- author: game developer
-- desc:   short description
-- script: lua
```

記述する内容は次の通りです。

```
-- title: ゲームタイトル
-- author: 作者名
-- desc: 短い説明
-- script: 言語の種類
```

● ドット絵を描く - [スプライト・エディタ]

[1]（A）コンソールから [ESC] キーを押してエディタ画面に切り替え、[F2] キーを押すか、（B）マウスで左上の「スプライト・エディタ」アイコンをクリックします。

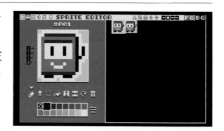

[2] キャンバスを「16×16」ドットに拡大し、選択範囲を「TIC-80 マスコットキャラ」に合わせて、ドット絵を描き変えてみてください。

[3] 描けたら [ESC] でコンソールに戻り、「RUN」コマンドで実行してみましょう。

プログラムは変更された通りに実行されましたか？

● 背景マップを表示してみよう - [マップ・エディタ]

[1]「スプライト・エディタ」で、「スプライト番号 0」の位置に「背景」にするドット絵を描きます。

キャンバスは「8×8」ドットでいきましょう。

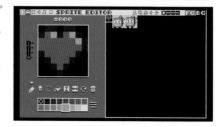

[2]「コード・エディタ」で、**17 行目**の「cls(13)」を「map( )」に変更します。

[3] [ESC] でコンソールに戻り、
「RUN」コマンドで実行。

　変更前の「cls(13)」はパレット 13 番の色で、画面全体をクリアする命令でした。
　変更後の「map( )」は丸カッコ内に何も指定しない場合は、マップの座標 (0,0) から 1 画面ぶんを表示する初期設定になっています。

---

[1] [ESC] を押してプログラム終了し、コンソール画面でもう一度 [ESC] を押して「エディタ画面」に切り替えます。

　そこで [F3] キーを押すか、マウスで左上の「マップ・エディタ」アイコンをクリックします。

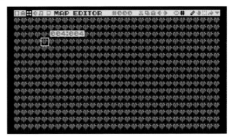

　先ほど、背景に表示されていたのはこの画面。
　これが**「マップ・エディタ」**です。

[2] ここで (A) [TAB] キーを押すか、(B)「ワールド・マップ」アイコン (目のアイコン) をクリックしてみてください。
　すると、マップエリア全体を見わたすことができます。

[3] 左上の囲いが赤くなっていると
ころが現在選択されているエリア。

　ここでエリアをクリックして選択
し、「スプライト」（ドット絵）を配
置していけば、広大なマップを作成
することができます。

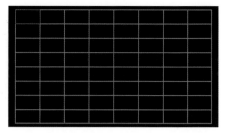

　「スプライト・エディタ」で、さらにいくつかのドット絵を描いて、「マップ・
エディタ」で左上のマップエリアに好きなように配置してください。

[4] 出来たら [ESC] でコンソールに
戻り、「RUN」コマンドを実行。

　描いたとおりの背景に変わったで
しょうか。

●「効果音」を作る – [SFX エディタ]
　こんどは「効果音」（SFX）を作ってみましょう。
　このエディタで設定した音は、「音楽エディタ」でも使われます。

[1] (A)「コンソール画面」で [ESC] キーを押して「エディタ画面」に切り
替え、[F4] キーを押すか、(B) マウスで左上の「SFX エディタ」アイコン
をクリックします。

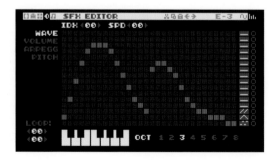

[2] 画面下のほうに「ピアノの鍵盤」があるので、クリックしてみましょう。
ドレミの音色が鳴りますよね？

　鍵盤の横にある「OCT」(オクターブ)の右側に並んだ「1〜8」の数字をクリックすると「オクターブ」を変更できます。

　画面上方の「IDX」(インデックス)が「効果音 No.」になっており、全部で 64 種類(00〜63)まで効果音を作れます。

　その右隣にある「SPD」(スピード)で「再生速度」(-4〜03)をコントロールできます。

　画面の左側には「WAVE」(波形タイプと定義)、「VOLUME」(音量)、「ARPEGG」(アルペジオ)、「PITCH」(ピッチ)の 4 つのパラメータがあります。

　その下方にある「LOOP」(ループ)は効果音を部分的にループさせる機能です。
　1 番目の数値は「ループの長さ」(0〜15)、2 番目の数値 (0〜15) は「ループの位置」を指定します。

　画面中央の格子状のエリアをクリックすると、線を描くように「波形の定義」を変えることができます。

　一つ一つの意味が分からなくてもかまわないので、適当にいじって鍵盤で音を鳴らしながら音を作ってみてください。
　出来たら、その「効果音」をプログラムから鳴らしてみましょう。

[3]「コード・エディタ」を開き、**16 行目**に、次の 1 行を追加します。
　これは「もし [Z] キーが押されたら効果音 0 番を鳴らせ！」という命令文です。

```
if btnp(4) then sfx(0) end
```

[4] [ESC] でコンソールに戻り、「RUN」コマンドを実行します。
　[Z] キーを押すと、あなたが作った「効果音」が鳴るはずです。

● 「作曲」する – [音楽エディタ]

「音符マーク」のアイコンを
クリックすると、「音楽エディ
タ」に切り替わります。

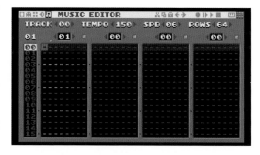

画面に４つの「入力用チャ
ンネル」が現われます。

個々のチャンネルに縦方向
に音符を入力していきますが、
細かい説明よりも、まずは最短で音楽を鳴らしてみることにしましょう。

[1] まずは、いちばん左のチャ
ンネル上にあるパターン番号
「00」をすぐ右の [>] をクリッ
クして「01」にします。

[2] 次に、そのチャンネルの
音符入力枠の**1行目**左端をク
リックして、その状態からキー
ボードを [Z][X][C][V][B][N][M]... と打ってみましょう。

音を鳴らしながら音階を入力できたでしょう。

音楽エディタでは下図の通りキーボードがピアノの鍵盤に対応されてい
ます。

その他には、「スペース・キー」で選択行の音を再生。

[Enter] キーで曲全体の再生開始・停止ができます。

また、画面右上にあるアイコンボタンでも同様の操作が可能です。

● 入力された音符コードの説明

左から1番目が「音階」(「CDEFGAB」が「ドレミファソラシ」になっている)。

2番目には「半音」(ピアノの黒い鍵盤の音)を表わす「#」(シャープ)が表示されます。

3番目は音の高低を表わす「オクターブ」。

4番目の数字が「音色番号」(効果音 No. と連動)。

最後が「音量」で、「16進数」(0〜15を0〜9, A〜Fで表わす)で表示されています。

「カーソル・キー」で入力枠を移動して、キーボードから英数字で直接入力、変更できます。

*

では、短めの曲を適当に作ってみましょう。

チャンネル2つ使ってハーモニーしてみました。

真っ黒な空白行は「休符」です。

誰もが知ってる名曲のはずですが、再生してみるとその片鱗も感じさせないアレンジです。

みなさんはもっとマシな楽曲を作れるよう頑張ってください。

(ツールの使い方以前に、音楽にはそれなりの才能が必要だとよく分かります…)。

*

「TRACK」（トラック）番号を変更すれば、さらに別の曲を入力できます。
番号は「00〜07」まで指定できるので1つのカートリッジに8曲まで作成可能です。

＊

プログラムから曲を再生するには、「music( )」命令を使います。
先ほど「sfx(0)」と書いた部分を入れ替えて試してみてください。

```
if btnp(4) then music(0,0,0,false) end
```

「music命令」のカッコ内のパラメータは、左から、

・再生するトラック番号
・開始フレーム番号
・開始行
・リピート(繰り返し)

の指定です。

最後の「false」を「true」に変えると、無限に「リピート(繰り返し)再生」するようになります。

●「カートリッジ・ファイル」の保存

せっかくいろいろとプログラムを改造したので保存しておきましょう。

「コンソール画面」に戻って、「SAVE」コマンドを使います。
ファイル名には、英数字で任意の名前を付けて保存できます。
ここでは、次のように入力します。

```
save oraora
```

本当に保存できているかどうかは「LS」(または「DIR」)コマンドで確認できます。

拡張子に「.tic」と付いた「oraora.tic」という名前で保存されています。

「カートリッジ・ファイル」には、プログラムのコードだけでなく、「ドット絵」や「マップデータ」「効果音」「音楽」などのすべてのゲームデータが一緒に保存されます。

```
LvUp_bgm.tic
maze.tic
mazin.tic
mysth.tic
new_line.tic
oraora.tic
p3d.tic
palette.tic
person.tic
plumb.tic
pong.tic
quest.tic
reflector.tic
sfx.tic
STELE.tic
table_hensu.tic
tetris.tic
>
```

また、保存した「カートリッジ・ファイル」を読み込むときは、次のように「LOAD」コマンドを使います。

```
load oraora
```

「TIC-80」のゲームで遊んでみよう！

さて、このへんでちょっとリフレッシュ！お遊びタイムといきましょう。

●「サンプル・デモ」で遊ぶ

「DEMO」コマンドを打ち込むと、いくつかのサンプルプログラムが追加されます。

どれでもかまいませんが、この中の「quest.tic」をロード（読み込み）して実行してみましょう。次のとおりにコマンド入力します。拡張子は付けなくても OK です。

```
load quest
run
```

ローグライク RPG「クエスト」が遊べます。

[ESC] を押せば終了し、「コード・エディタ」でプログラムを見ることもできます。

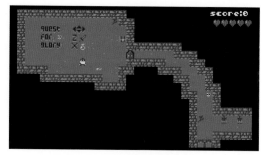

ローグライク RPG「クエスト」

● **カートリッジ・ブラウザ**

コンソールで「SURF」コマンドを打ち込むと、**「カートリッジ・ブラウザ」** が立ち上がります。

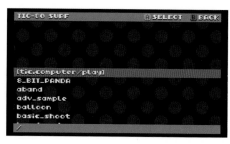

キーボードなら「カーソル・キー」と [A][S][Z][X] キーで、ゲームパッドを接続していれば、方向キーと [A][B][X][Y] ボタンで操作できます。たくさんのリストが出てくるのでいろいろ選んで試してみましょう。

[ ] カッコで囲まれたメニューはルートメニューとなっていて [A] ボタン(または [Z] キー) でさらに配下のサブメニューへと移動します。

たとえば、いちばん上の [tic.computer/play] を選ぶと、次のようなカテゴリーのサブメニューが現われます。

ここからは Web 上に登録された多数のユーザー作品を楽しむことができます。

第**2**部

プログラム作品編

さて、大変長らくお待たせしました！ここ
から先は本書掲載のプログラム作品を紹介し
ていきます！

TIC-80 tiny computer

1　ジャンプレーサー

[作者] 常磐祐矢　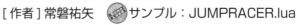サンプル：JUMPRACER.lua

　おジャマなクルマを上から追い越せ！赤いクルマを操作し、他のクルマを
ジャンプでかわします。

● 操作方法

Z キー	ジャンプ
方向キー左右	移動

ドット絵 (Sprite Editor)

効果音 (SFX Editor)　IDX 00

音楽 (Music Editor)

● 変数表 (主なもの)

enum	敵のクルマの数
cnum	雲の数
tnum	木の数
x, y	赤いクルマの X、Y 座標
vx, vy	赤いクルマの移動ベクトル
ex	敵のクルマの X 座標
cx	雲の X 座標
tx	木の X 座標
jumping	赤いクルマが跳んでいる時 1
score	得点

● プログラムの説明

1 ～ 35 行	各変数の初期化
40 ～ 97 行	ゲーム中の処理
100 ～ 122 行	画面の描画

2　タマゲッター

[作者] Kikeroga  サンプル：tamaget.lua

　なぜか上から次々と落ちてくるタマネギをカゴに受け止めよう。

　頭に3回当たるとゲームオーバー。

● 操作方法

「カーソル・キー」で左右に移動

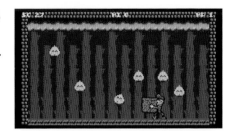

ドット絵 (Sprite Editor)

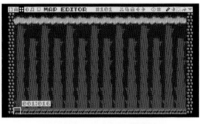

マップデータ (Map Editor)

効果音 (SFX Editor)　IDX 00

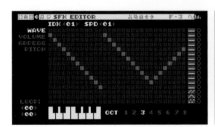

効果音 (SFX Editor)　IDX 01

音楽 (Music Editor)

● 変数表 (主なもの)

m	落ちてくるタマネギ最大数
f	タマネギの有無を表わすフラグ
ox, oy	タマネギの座標
w, c	タマネギのアニメパターン表示用
x, y, hp, dr	プレイヤーキャラの「座標」「体力」「向き」
sc, hi	スコア、ハイスコア
dmg	ダメージの有無
stat	ゲームの処理状態 (0= タイトル画面、1= ゲームプレイ中)
t	ゲームスピード調整

● プログラムの説明

1 ～ 4 行	コメント文 (メタデータ)
6 ～ 7 行	初期変数の宣言、オープニング曲再生
9 ～ 13 行	「init 関数」定義。ハイスコア更新、ゲーム開始時の設定初期化
15 行	「init 関数」呼び出し
16 ～ 78 行	メインループ (1 秒間に 60 回呼び出される)
17 行	キー入力値取得
18 ～ 25 行	タイトル画面表示、[Z] キー入力待ち。[Z] が押されたらゲーム開始
26 ～ 28 行	ゲームスピード調整
29 ～ 35 行	落ちてくるタマネギ発生処理
36 ～ 39 行	背景とゲームステータスの表示

40 〜 56 行	コリジョン判定 (カゴに入ったのか頭に当たったか？)
57 〜 64 行	ゲームオーバー処理。[X] キーが押されたらゲーム再開
65 〜 69 行	プレイヤーキャラ移動操作
70 〜 77 行	プレイヤーキャラ表示

[制作者コメント]

実は 10 年以上前のネタをひっぱってきてのリメイクです。
ゆっくりのんびり遊んでね (^^

3　pixel-perfect danmaku

[作者] verysoftwares　サンプル：pixdanmaku.lua

「ピクセル・パーフェクト」な「コリジョン」(衝突判定) による「弾幕ゲーム」です。

　1 回だけ敵に体当たりできれば勝利となるシンプルなルールとなっています。

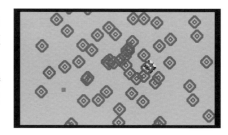

● 操作方法

　「十字キー」または「カーソル・キー」でプレイヤー (緑色の小さな四角) が移動します。

　敵の弾に当たるか画面外に出た場合、ゲームはリセットされます。

　弾をかいくぐって、上手く敵に体当たりできれば勝利！

　「経過時間」がスコアとして表示されます。

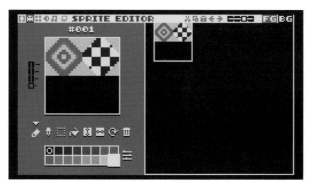

ドット絵 (Sprite Editor)

● 変数表 (主なもの)

t	フレーム単位の経過時間
x, y	プレイヤー座標
sw, sh	画面サイズ
sin, cos, abs	数学関数
bullets	{x, y, dx, dy} を含むテーブル変数
stage	ゲームの状態を更新する関数

● プログラムの説明

1 ～ 19 行	初期設定
21 ～ 37 行	メインループ
39 ～ 59 行	弾丸更新機能
61 ～ 101 行	衝突とリセット
103 ～ 129 行	ゲームの状態ごとの処理

4 日曜ゾンビ１〜恋のマシンガントーク〜

[作者] 法貴優雅 @MYAOSOFT 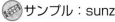 サンプル：sunz1.lua

よく晴れた日曜日の朝に、ボクは待ち合わせの公園に行く。

向かう途中、見渡せば街中にゾンビがあふれかえっていた。

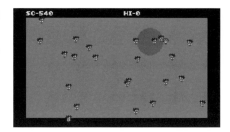

● 操作方法

矢印キー	プレイヤーが移動
Zキー	ショット

「ショット・エリア」（赤い円）にゾンビを入れてショットしよう。

なお、ショット後２秒間は、リロード時間でショットが撃てません。
ゾンビに捕まると、ゲームオーバーです。

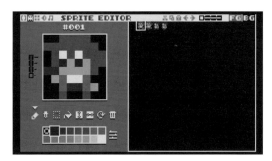

ドット絵 (Sprite Editor)

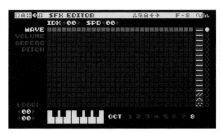 

効果音 (SFX Editor)　IDX 00

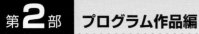

● 変数表 (主なもの)

sc	スコア
hi	ハイスコア
md	処理モード (0= 初期化、1= ゲーム、2= ゲームオーバー)
px, py	プレイヤー座標
sx, sy	ショット座標
zx, zy	ゾンビ座標
at, am	アニメーション

● プログラムの説明

1 〜 4 行	コメント（メタデータ）
6 〜 14 行	変数の初期化
19 〜 36 行	変数の初期化
40 〜 60 行	プレイヤー操作処理
63 〜 65 行	ゲームオーバー処理
70 行	ゾンビの発生処理
71 行	ゾンビの移動処理
74 行	リロード処理
76 〜 78 行	アニメーション処理
81 〜 96 行	画面表示処理
99 〜 112 行	プレイヤーショットヒットチェック関数
114 〜 144 行	ゾンビ発生関数
146 〜 184 行	ゾンビ移動処理関数

[制作者コメント]

同時に倒すゾンビが多いほど、スコアがアップします。
ゾンビを「ショット・エリア」に集めて倒そう。

5 　日曜ゾンビ２〜ミステリーオブトライアングル〜

[作者] 法貴優雅 @MYAOSOFT 　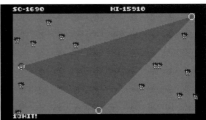サンプル：sunz2.lua

　よく晴れた日曜日の朝に、ボクは待ち合わせの公園に行く。

　あの１年前の惨劇（彼女にフラれた）の後、また新たな試練（恋）の予感がしていた。

　そして今日、勇気をふりしぼり彼女を誘ったのだが…公園に向かう途中、見渡せば街中にゾンビがあふれかえっていた。

● 操作方法

矢印キー	プレイヤーが移動します。
Ｚキー	ポイント設置して、３回目で「トライアングル・ボム」

　ゾンビに捕まるとゲームオーバーです。

● 変数表 (主なもの)

sc	スコア
hi	ハイスコア
md	処理モード (0= 初期化、1= ゲーム、2= ゲームオーバー)
px, py	プレイヤー座標
zx, zy	ゾンビ座標
at, am	アニメーション
tx, ty, cx, cy	計算用テンポラリー
bm	爆弾設置数
bx, by	爆弾設置座標

● プログラムの説明

1～4行	コメント（メタデータ）
6～20行	変数の初期化
25～48行	変数の初期化
54～67行	プレイヤー操作処理
70～73行	爆発処理
76～79行	ゲームオーバー処理
83行	ゾンビの発生処理
84行	ゾンビの移動処理
87行	カウント処理
89～91行	アニメーション処理
94～118行	画面表示処理
121～159行	爆弾設置＆爆発関数
161～191行	ゾンビ発生関数
193～231行	ゾンビ移動処理関数

[制作者コメント]

> ゾンビを三角形で囲むようにポイントを設置しよう。
> 三角で囲んだゾンビが多いほど、スコアがアップします。

6 　日曜ゾンビ3〜ブーメランストリート（公園）〜

[作者] 法貴優雅 @MYAOSOFT 　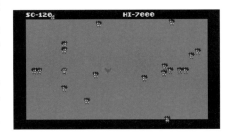サンプル：sunz3.lua

　よく晴れた日曜日の朝に、ボクは公園にいた。去年の惨劇（三角関係）の後、また新たな試練（恋）が訪れていた。待ち合わせの公園で、ボクは彼女を待っていた。

　しばらくすると、少し遅れてきた（3時間）彼女は、会うなりこう言った。「忘れ物したから、ここで少し待ってて」…あれから、この公園で待つこと1週間。電話は着信拒否、SNSはブロック、メアドは無効。そして見渡せば、街中にゾンビがあふれかえっていた。

　…そう、もっと早く気がつくべきだった！すべては、再び現われたゾンビのせいだったとっ！！

● 操作方法

矢印キー	プレイヤーが移動
Zキー	ブーメランを投げる

● 変数表（主なもの）

sc	スコア
hi	ハイスコア
md	処理モード（0=初期化、1=ゲーム、2=ゲームオーバー）
px, py	プレイヤー座標
zx, zy	ゾンビ座標
bx, by	ブーメラン座標
tr	ブーメランの状態（0=投げていない、1=飛ばし中、2=戻り中）
at, am	アニメーション

● プログラムの説明

1〜4行	コメント（メタデータ）
6〜16行	変数の初期化
21〜39行	変数の初期化
44〜65行	プレイヤー操作処理
67〜96行	ブーメラン移動処理
98〜100行	ブーメランアニメーション処理
103〜106行	ゲームオーバー処理
109行	ゾンビの発生処理
110行	ゾンビの移動処理
112行	カウント処理
114〜116行	アニメーション処理
119〜135行	画面表示処理
138〜168行	ゾンビ発生関数
170〜221行	ゾンビ移動処理関数

[制作者コメント]

ブーメランを操り、ゾンビを倒してください。
連続でゾンビにブーメランを当てるほど、スコアがアップします。

7 | Miko blade

[作者] SUMA サンプル：MikoBlade.lua

太古の昔より人々を脅かす存在鬼がいた。そんな鬼と人知れず戦うのが巫女の一族である。

悪しき鬼から人々を守るため、一族に代々伝わる鬼斬の刃を携え今日も戦うのだ！

● 操作方法

・タイトル画面の操作

← → キー	ステージ変更
Z キー	ゲームスタート

・ゲーム中の操作

← → キー	移動
Z キー	ジャンプ
X キー	ダッシュ攻撃 (↑↓キーで攻撃方向の変更)

・ゲームの遊び方

「ダッシュ攻撃」で敵を倒しながら、ゴールの鳥居を目指そう！！
時には強力な「ボス」が鳥居の奥に待ち構えているぞ！

ジャンプやダッシュをするときは「巫女力」を消費するので、「巫女力」の残量には気を付けよう！
「巫女力」を 10 消費してジャンプ！
「巫女力」を 15 消費して「ダッシュ攻撃」！（↑↓キーと組み合わせる事で 6 方向にダッシュできるぞ）
「巫女力」は地面にいるときや敵を攻撃した時に回復するぞ！

ダッシュしてないときに敵とぶつかったり、雷攻撃を受けたりするとダメージを受けるぞ！

　一度ダメージを受けると疲労状態になり、もう一度ダメージを受けるとゲームオーバーだ！

　受けたダメージは太極図に乗ると回復できるぞ！「巫女力」も回復できるから積極的に乗ろう！！

　ダッシュ中は雷攻撃以外無敵なので活用して、ダメージを受けないように気をつけよう！

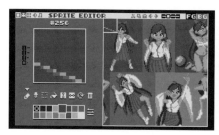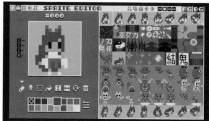

ドット絵 (Sprite Editor)　左：FG、右：BG

マップデータ (Map Editor)

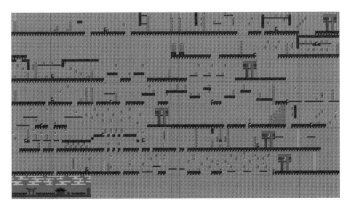

マップデータ (Map Editor)

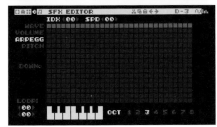

効果音 (SFX Editor)　IDX 00

音楽 (Music Editor)　TRACK 0

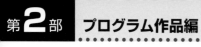

● 変数表（主なもの）

x, y	操作キャラの x, y 座標
g	操作キャラにかかる重力
M	操作キャラの向き
xa	操作キャラの x 軸の移動量
JUMP	ジャンプの状態
KEYM	現在のキーの向き
DASH	操作キャラのダッシュの時間
DASHM	操作キャラのダッシュ方向（0 は右、1 は左、2 は右上、3 は左上、4 は右下、5 は左下）
DASHY	操作キャラのダッシュ時の y 軸の移動量
Dx, Dy	ダッシュ時の空気の x, y 座標
Dm, Dt	ダッシュ時の空気の向き、時間
Dame	ダメージの量
DameT	ダメージ時の無敵時間

tamax, tamay	弾の x, y 座標
tamam	弾の向き
taman	弾の使用順の番号

Tx, Ty	敵の x, y 座標
Tt	敵の種類（1 は赤鬼、2 は提灯鬼、3 は骨鬼、4 は雷鬼）
Tm	敵の向き
Tb, Tbm	敵の切断の演出時間と切断される向き
Tn	敵の使用順の番号
Tl	スクロールにより敵が出現した列

handx, handy	ボスの手の x, y 座標
Bhp	ボスの体力
Bd	ボスのダメージ無敵時間
Bm	ボスの切断向き
Bt	ボスの行動時間

Clear	クリアのフラグ（このフラグが「1」のとき「mode=2」になると、ゲームクリアになる）
ClearC	各ステージの個別クリアのフラグ（このフラグが5つ「on」になるとクリア時のイラストが変化する）
scstop	画面のスクロールの on, off 制御
scroll	画面のスクロール
mode	ゲームモード（「0：タイトル」「1：メインのゲームモード」「2：ゲームクリア or ゲームオーバーの表示」）
stage	ステージ選択
HIscore	ステージごとに記録されるハイスコア

● プログラムの説明

1～4行	コメント（メタデータ）
6～16行	リセットしない変数定義
18～91行	リセット用の関数
95～421行	メインループ（60秒間に1回呼び出される）
97～113行	「タイトル画面」と「ステージ」の選択
111行	ステージに応じてゲームの画面スクロールの初期位置の設定
115～375行	メインゲームのプログラム
136～139行	現在のキーの向きを調べる
147行	現在のキーの向きを元にダッシュする向きを決め、ダッシュする。（この時ダッシュ時の空気の座標なども変更する）
148行	重力を「-12」に変えてジャンプさせる。ジャンプ状態に応じて巫女力を消費するか決める
150行	重力の処理
154～162行	ダッシュ時の移動量の処理
164～192行	ダッシュ時の障害物とのあたり判定の処理
194～198行	x軸の移動処理とそれに応じた画面スクロール処理
200行	y軸の移動処理
202行	巫女力の上限設定

204行	落下時のゲームオーバー処理
206〜253行	通常時の障害物とのあたり判定の処理
224〜228行	障害物の太極図の上に乗った時に回復する処理
255〜267行	弾の処理
257〜262行	弾の移動処理（MAPに応じて移動の仕方が変わる）
263〜266行	弾とのあたり判定の処理
264行	弾と接触時のゲームオーバー処理
269〜308行	敵の行動処理
271, 272行	敵の切断からの消滅の処理
274〜281行	敵とのあたり判定の処理
276行	敵を倒した時の処理
278行	敵と接触時のゲームオーバー処理
284〜288行	「赤鬼」の行動（MAPに応じて移動の仕方が変わる）
289〜291行	「提灯鬼」の行動（MAPに応じて移動の仕方が変わる）
292〜299行	「骨鬼」の行動（MAPに応じて移動の仕方が変わる）
300〜303行	「雷鬼」の行動（弾を出す）
305行	敵が画面外に出たとき消滅する処理
310〜332行	敵の出現処理と敵が重なる処理
313〜315行	上の敵が下の敵に重なる処理
317〜328行	画面スクロール時にMAPを確認して敵を出現させる処理
335行	MAPを確認して画面スクロールを止める処理
336行	MAPを確認してゲームクリア処理
338〜367行	ボスの行動処理
344行	ボスの顔あたり判定の処理
345行	ボスを倒してゲームクリア処理
347〜352行	ボスの手とあたり判定処理
349行	ボスの手と接触ゲームオーバー処理
354〜365行	ボスの攻撃処理

371～375行	ボスの体力表示
377～419行	エンディング画面とハイスコア更新
389行	ハイスコアの更新処理
390行	現在のステージのクリアのフラグを on にする
393～404行	ゲームオーバーの表示（落下した場合イラストが変化する）
405～417行	ゲームクリアの表示（クリアフラグがすべて on のとき、「all clear」に変化する）
423～437行	MAP から障害物や敵キャラなどを分類する関数
439～448行	敵の画像を切断された方向にスライドする関数
450～459行	敵を切断する斬撃のエフェクトを表示する関数
461～587行	ゲーム画面の画像を表示する関数
464～474行	背景画像の表示処理
476～481行	ボスの胴体や腕の表示処理
483～490行	障害物の表示処理
494～525行	敵の表示処理
527～531行	弾の表示処理
533～543行	ボスの頭、手の表示処理
545～548行	ダッシュ時の空気の表示
551～562行	自分のキャラクター（巫女さん）の表示処理
564～575行	地面の草の表示＋手間にある柱の表示処理
587～585行	「巫女力」「スコア」「ボーナス」の表示処理

[**制作者コメント**]

　「Map Editor」で作ったデータを元にステージが出来ているので、ここを変えればオリジナルステージも作れます。

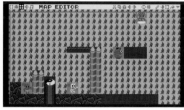

　ステージを作るときの注意点は、下図のように一部を除いて「縦2マス×横2マス」の計4マスで出来ていて、1マスだけハミ出したりするとステージに「当たり判定」が反映されないです。

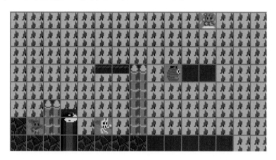

　この点に注意して、「オリジナル・ステージ」を作って見てください。

　本編ではほとんど使っていない「透明ブロック」を「雷鬼」と組み合わせてみるのも面白いと思います。

8　陣取りゲーム

[作者] 魚鈎 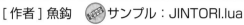 サンプル：JINTORI.lua

最大 4 人対戦可能な陣取りゲームです。

「コモーション」または「ブロッケード」「バリケード」「トロンゲーム」etc.

● 操作方法

リセット	「R」キー

[左旋回] [右旋回]

1P	左キー、右キー
2P	「Z」「X」
3P	「9」「0」
4P	「1」「2」

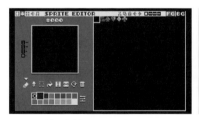

ドット絵 (Sprite Editor)

マップデータ (Map Editor)

● 変数表 (主なもの)

P_NUM	プレイヤーの数（最大 4）
2P	プレイヤーテーブル 名前 動作フレーム [小さいほど速い] 初期 x 座標 初期 y 座標 初期方向
KEY	プレイヤーごとの操作キー番号
D	方向に対する x,y 相対値（上、右、下、左の順）
plr	「プレイヤー処理 with データ」（クロージャ）を返す関数

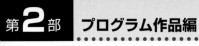

上記クロージャが保持する変数

x,y	プレイヤー座標
d	移動方向
cnt	移動フレームカウンタ（「0」になると移動処理後、最大値に戻る）
df	死亡フラグ
name	プレイヤー名
ps	プレイヤー処理の保持テーブル

● プログラムの説明

1〜4行	コメント（メタデータ）
6行	敗北人数、プレイヤー数
7〜9行	プレイヤー情報設定
10行	キー設定情報
11行	移動方向と相対値設定
12〜27行	プレイヤー処理（クロージャ）を返すplr関数定義
13〜15行	データの確保および初期化
16〜27行	プレイヤー処理定義
17〜19行	死んでいたら「アウト・メッセージ」を表示して処理を戻す
20行	「cnt」を「1」減らす。（移動処理までのカウントダウン）
21〜22行	キー入力をチェックして方向転換処理（⇔1⇔2⇔3⇔4⇔）
23行	「cnt」がマイナスなら移動処理
24行	「cnt」に「s」をセット（カウントをプレイヤーごとの速度に再設定）
25行	「x,y」に移動先座標をセット
26〜27行	さらに移動先が空間以外なら死亡フラグON、敗者数をプラス1
30行	さらに最後のOUT（勝者）の場合は勝利メッセージを出力し終了
32行	マップデータに「自キャラid」をセット
35行	プレイヤー処理を格納するテーブル生成
36〜37行	プレイヤーの数ぶんテーブルにセット（初期化）
39〜42行	メインルーチン（TIC）定義

| 40行 | マップ表示（プレイヤーもマップデータとしてセットしている） |
| 41行 | プレイヤー処理テーブル内の処理呼び出し |

[制作者コメント]

　「フィールド表示」「プレイヤー表示」「衝突判定」など、すべてをマップデータで処理をしています。

　1プレイヤーの1フレームぶんの処理を関数（クロージャ）で定義して、全員ぶんを呼び出しています。

　プレイヤーの移動処理間隔（フレーム数）は「"SPADE",15,」のように一律で「15」に設定していますが、プレイヤーごとに変更しても面白いかもしれません（速いほうが有利とも言えないため）。

コードを詰めれば何と一画面プログラム！

9　ペンギンランド大乱戦！

[作者] Kikeroga　サンプル：peng.lua

　南極を拠点に、ひそかにエイリアンの地球侵略が開始された！
　がんばれペンちゃん、みんなを守るため、氷をぶつけてエイリアンをやっつけるんだ！

● 操作方法

　「方向キー」でペンギンを移動させて氷を押し、滑らせてエイリアンをつぶす。

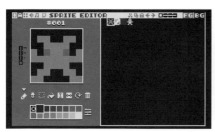

ドット絵 (Sprite Editor)

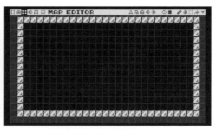

マップデータ (Map Editor)

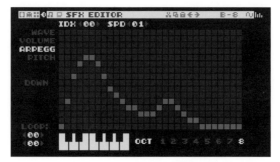

効果音 (SFX Editor)　IDX 00

● 変数表（主なもの）

s	スコア
m	処理モード（0=初期化とタイトル表示，1=ペンギンとエイリアンの移動，2=氷の移動，3=ゲームオーバー表示）
ec	エイリアンの数
px, py	ペンギンの座標
ex, ey	エイリアンの座標（テーブル変数）
ix, iy	氷の座標
dx, dy	移動方向の加算値
t, c	ウェイト用（ゲーム速度調整）

● プログラムの説明

1～4行	コメント（メタデータ）
6～15行	「初期設定」と「タイトル表示」の関数
11～13行	「氷」を「マップ・エリア」にランダム配置
17～47行	ペンギンとエイリアンの移動関数
25行	氷にぶつかった！
30～32行	新しくエイリアン設定
50～56行	氷を滑らせる関数
58～63行	「ゲームオーバー！」処理の関数
61行	「マップ・エリア」をクリア
66行	初期設定
67～75行	メインループ（60秒間に1回呼び出される）

[制作者コメント]

　往年の名作を移植してみました！
　若干の改良を加えましたが、オリジナルは「BASIC」でわずか21行だったのに70行余りになったのは、「Lua」のせいではなく私の未熟さ故に他なりません。
　今遊んでもシンプルな面白さがあるのでぜひ楽しんでね！

10   LetterCatch

[作者] 魚鈎　サンプル：LetterCatch.lua

　降ってくる文字を画面下部の語句になるように順番に取るゲームです。

● 操作方法

左右矢印キー	左右移動

ドット絵 (Sprite Editor)

マップデータ (Map Editor)

● 変数表 (主なもの)

TXT	揃える語句
LIFE	初期ライフ数
t	経過フレーム
score	スコア
life	現ライフ
p;r1	プレイヤーテーブル
ltr	文字テーブル
ltrs	文字処理格納テーブル
n	現文字番号
lv	レベル（小さいほど速い）

● プログラムの説明

1〜4行	コメント（メタデータ）
6行	揃える語句設定
7行	ライフ初期値設定
9〜11行	語句が2文字未満なら終了（語句の編集想定）
13行	ハートのスプライト番号設定
14行	「ランダム関数」と「最大値関数」のショートカット設定
15行	テーブルの挿入・取り出しのショートカット設定
16行	文字列切り出しのショートカット設定
18〜20行	方向と相対値設定
21行	「移動関数」設定（引数は対象のテーブル、移動方向）
22行	引数の移動方向を「d」にセット。指定なしなら「0」をセット。
23〜24行	テーブルのx,y要素に「方向相対値×スピード」を加算（移動処理）
25〜28行	「描画関数」設定（引数は対象のテーブル、透明扱いする色番号）
30〜38行	プレイヤーテーブル設定関数（引数はスプライト番号、x,y座標、スピード）
31〜33行	引数取り込みとデフォルト設定
34行	テーブル作成
35〜37行	「移動メソッド」と「描画メソッド」を設定してテーブルを返す
40〜67行	「文字処理クロージャ」を返す関数定義
41〜42行	乱数による初期位置、初期速度設定
43行	クロージャの引数はプレイヤーテーブル
44行	画面外（下）に出たら「true」を返す（返却先で削除処理）
45〜60行	プレイヤーテーブルとの「接触判定」と処理
47〜54行	正しい文字を取った場合の処理
55〜56行	間違った文字を取った場合の処理（ライフ−1）
58行	「true」を返す（返却先で削除処理）
61行	画面外（横）なら横速度を反転
62行	文字背景のスプライト描画（空白文字想定）

63～64行	文字影・文字の描画処理
65行	位置移動処理（速度分加算）
69～73行	取得文字列表示処理定義（引数は文字列と文字数）
75～82行	スコアとライフ表示処理定義
84～87行	ゲームオーバー処理
89～111行	初期化処理
90行	経過フレームを「0」に設定
91行	スコアを「0」に設定
92行	現ライフをライフ初期値に設定
93行	「プレイヤー1」テーブルにプレイヤー定義関数の戻り値を設定
94～96行	文字テーブルに文字列を1文字ずつ分割したものを設定
97～107行	「文字処理」（クロージャ）を格納するテーブルを定義
98～103行	「走査関数」定義
104～106行	「追加関数」定義
108行	現文字順番号に「1」を設定
109行	レベル（小さいほど高速）に30をセット
112行	初期化処理呼び出し
114～124行	TIC function 定義
115行	マップ（背景）表示
116行	左ボタンONなら「3」、右ボタンONなら「4」を引数に設定して、「プレイヤーの移動」メソッド呼び出し
117行	「プレイヤーの表示」メソッド呼び出し
118行	「文字処理テーブルの走査」メソッドを引数に、プレイヤーテーブルを指定して呼び出し
119行	ライフが「1」未満ならゲームオーバー処理
120行	取得文字状態表示
121行	スコア＆ライフ表示
122行	経過フレームがレベルごとに文字処理追加
123行	経過フレーム +1

11　冒険野郎☆朴さん

[作者] Kikeroga　サンプル：pakusan.lua

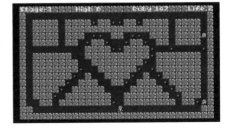

　あなたは世界を股に駆けるトレジャーハンターの「朴さん」です。
　邪神の迷宮でオバケから逃げながらルビーを収集しまくれ！

● **操作方法**

　矢印キーで「朴さん」が上下左右に移動します。ワープポイントは相互にランダムジャンプします。

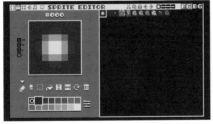

ドット絵 (Sprite Editor)

マップデータ (Map Editor)

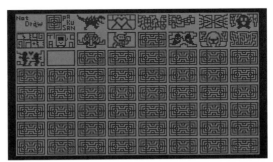

マップ全体

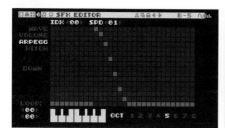 

効果音 (SFX Editor)　IDX 00

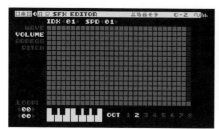 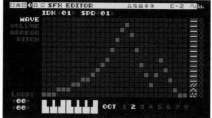

効果音 (SFX Editor)　IDX 01

● 変数表 (主なもの)

em	オバケの出現数
ex, ey, ev	オバケの座標と移動方向
wc, wx, wy	ワープポイントの数と座標
sc, hi	スコア、ハイスコア
px, py, dx, dy	パクさんの座標と移動量
dr	パクさんキャラパターン左右反転アニメ用変数
hp	パクさんの体力
t	ゲームスピード調整用

● プログラムの説明

1～4行	コメント文(メタデータ)
6行	初期変数の宣言
8～13行	「abs(絶対値)」「rnd(乱数)」「cmp(比較)」など便利関数の定義
15～18行	「init 関数」定義。ハイスコア更新、ゲーム開始時の設定初期化
20～44行	「next_stg 関数」定義(ステージ開始時の設定処理)。現在のステージ内のルビーの総数をカウント、パクさん、オバケ、ワープポイントの配置
46～92行	メインループ(1 秒間に 60 回呼び出される)
47行	キー入力値取得
48～53行	ゲームオーバー時の処理
54～55行	ゲームスピード調整、ステージ表示、変数「dr」の値反転
56～65行	オバケの移動先チェック
66～72行	オバケの移動、パクさんとの当たり判定
73～77行	パクさんの移動処理
78～81行	ルビーゲット!スコア加算
82～85行	パクさんのワープ処理
86行	パクさんを表示
87行	ステージ内のルビーを全部取ったなら次のステージへ
88～91行	ゲームステータス表示

[制作者コメント]

　「ステージ 16」までしかないので、ぜひ「ステージ 17」以降を自作してみてください。

　「TIC-80」の「マップ・エディタ」で、最大「63 ステージ」まで作成可能です。

12 UFO バトル

[作者] Kikeroga  サンプル：ufo_battle.lua

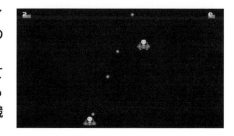

　中立地帯で出会ってしまったマイ
タン銀河連邦とタケッチ星間連合の
2機のUFO。

　今、戦闘が始まる！互いに撃って
よけて戦い、耐久力が「0」になっ
たほうが負け。連戦して勝ち数を競
いましょう。

● 操作方法

　ジョイパッドを2つ使って遊ぶ2人対戦用ゲームです。

　方向キーでその方向に加速し、慣性移動。
　[X] で移動方向に、[Z] でその逆方向に弾を発射します。

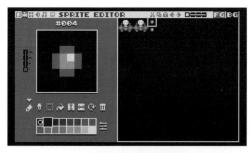

ドット絵 (Sprite Editor)

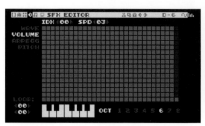
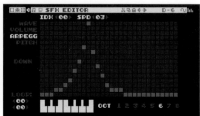

効果音 (SFX Editor)　IDX 00 (ショット音)

● 変数表 (主なもの)

bc	発射可能な弾の総数
stat	処理モード
t	処理モードの調整用タイマー
hp1, hp2	「UFO」の耐久力
ex, ey	爆発の座標
x1, y1, dx1, dy1	「UFO1」の座標と移動量
x2, y2, dx2, dy2	「UFO2」の座標と移動量
s1, s1_x, s1_y, s1_dx, s1_dy	「UFO1」の弾の存在フラグ、座標、移動量
s2, s2_x, s2_y, s2_dx, s2_dy	「UFO2」の弾の存在フラグ、座標、移動量
b1, bx1, by1, b2, bx2, by2	弾と UFO が当たったときの火花の座標用
w1, w2	「UFO1」と「UFO2」の勝ち数

● プログラムの説明

1〜4行	「タイトル」や「作者」など書いたコメント行 (メタデータ)
6〜18行	全変数の初期化 (「init 関数」定義)
20〜28行	「UFO1」の弾の発射処理 (「shot1 関数」定義)。弾は「UFO1」と同じ移動角度で、移動速度は倍速にする。引数「r」の値によって、反対の方向にも撃てる。
30〜38行	「UFO2」の弾の発射処理 (「shot2 関数」定義)。弾は「UFO2」と同じ移動角度で、移動速度は倍速にする。引数「r」の値によって、反対の方向にも撃てる。
40〜45行	衝突判定 (「coli 関数」定義)。与えられる座標 2 点と距離の引数から衝突しているかどうかを判定して返す。
47行	「init 関数」呼び出し、勝ち数の変数「w1」「w2」を初期化
48〜137行	1 秒間に 60 回呼び出されるメインループ (TIC 関数)
49行	画面クリア
52〜53行	「UFO1」の「移動」処理。画面端に行ったら移動方向を反転させる。
56〜57行	「UFO1」の「移動」処理。画面端に行ったら移動方向を反転させる。

60行	「UFO1」の表示
61行	「UFO2」の表示
64〜96行	弾と弾がUFOに当たったときに破裂する「火花」の処理。弾は複数発生するので、テーブル変数を使ってその数だけ繰り返し処理する。
66〜72行	円を描く「circ命令」で、弾が当たったときの「火花」を表現。
74〜86行	「UFO1」の弾の表示、衝突判定など。弾と「UFO2」の「衝突判定」を行ない、耐久力(変数hp2)が「1」以下になれば撃墜となり「爆発処理」(stat=2)へ。
88〜100行	「UFO2」の弾の表示、衝突判定など。弾と「UFO1」の「衝突判定」を行ない、耐久力(変数hp1)が「1」以下になれば撃墜となり「爆発処理」(stat=2)へ。
105〜106行	「UFO」の勝ち数と耐久力の表示
108〜113行	タイトル表示。変数「stat」が「1」で変数「t」が「0」より大きい間、表示する(t=180であれば3秒間)
116〜126行	ゲームエンド処理。負けたほうの「UFO爆発アニメ」(circ命令)と、変数「hp2」で判定した「勝ち負けのメッセージ」を表示。変数tによって表示時間を調整。
129〜134行	1P側(UFO1)の「キー入力判定」処理。上下左右に加速度をつけて「慣性移動」する。[X]で移動方向に、[Z]でその逆方向に弾を発射する。
137〜142行	2P側(UFO2)の「キー入力判定」処理。上下左右に加速度をつけて「慣性移動」する。[X]で移動方向に、[Z]でその逆方向に弾を発射する。

[制作者コメント]

元ネタはナント「PC-8001」時代のかすかなキオク…意外とアツくなれる2人用空中戦ゲームです。

13　ケンカ・ガール

[作者] Kikeroga　サンプル：kenka.lua

2 人用対戦格闘ゲームです。
　自キャラを操作して攻撃技を繰り
出し、相手の体力を「0」にすれば
勝ち。キャラによって技が異なり
ます。

● **操作方法**
　矢印キーの左右で前後に移動。矢印キーの上下、[Z]、[X] で攻撃します。

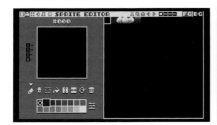 

ドット絵 (Sprite Editor)　左：BG、右：FG

マップデータ (Map Editor)

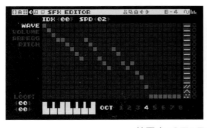 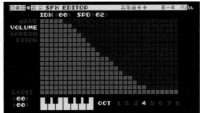

効果音 (SFX Editor)　IDX 00

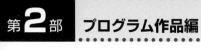

● 変数表（主なもの）

pose	キャラクターポーズ構成用データ（この変数にデータ追加することでポーズを増やす） パーツごとにスプライト番号、X, Y 配置、左右反転（2 ビット）|回転（2 ビット）フラグの 4 つのパラメータセットを持ち、頭、体、腕×2、脚×2 の全 6 パーツで一つのポーズを構成。
anm	キャラクターアニメーション用データ（この変数にデータ追加することでキャラクターを増す） 3 次元配列テーブルとなっており、第 1 引数がキャラクター番号。第 2 引数が動きの種類（1＝アイドリング、2＝歩き、3＝ジャンプ、4＝[Z] を押したときの技、5＝[X] を押したときの技、6＝矢印キーの下を押したときの技、7＝ダウン）。 第 3 引数がアニメーションパラメータ（ポーズ番号、X 移動量、当たり判定用の攻撃、頭、体、脚のパーツがポーズデータの何番目にあるかをそれぞれ指定）。
p_atk, x_atk, y_atk	当たり判定用の攻撃パーツの有無と座標
p_hed, x_hed, y_hed	当たり判定用の頭パーツの有無と座標
p_bod, x_bod, y_bod	当たり判定用の体パーツの有無と座標
p_leg, x_leg, y_leg	当たり判定用の脚パーツの有無と座標
cc, cx, cy, cl	背景の雲の数、X, Y 座標、長さ
pn, ac	アニメーション番号、アニメーション用カウンタ
px, py, dx, dy	キャラクター座標と移動量加算値
dr	表示するキャラクターの向きを指定
pm	各キャラクターの体力、攻撃力、歩幅、ジャンプ力
htp, ap, mv, jp	使用中のキャラクターの体力、攻撃力、歩幅、ジャンプ力
id	使用するキャラクター番号
tm	ゲームスピード調整用
oc	タイトル表示時のウェイト用カウンタ
win	1P と 2P の勝ち数

k, kb	キー入力値と、値が 1P 側か 2P 側かを判定するためのベース値
FL	地面の高さ (定数として利用)
AL	アニメーションパラメータセット数 (定数として利用)

● プログラムの説明

1 ～ 4 行	コメント文 (メタデータ)
7 ～ 28 行	キャラクターポーズ構成用データ設定
31 ～ 45 行	キャラクターアニメーション用データ設定
47 ～ 49 行	キャラクターの能力値設定
51 ～ 55 行	初期変数設定
57 ～ 62 行	abs(絶対値)、rnd(乱数)、cmp(比較) 関数定義
64 ～ 82 行	「init 関数」定義 (ゲーム開始時の設定初期化)
65 ～ 73 行	マップエリアに雲をランダム配置
74 ～ 81 行	各種変数の初期化
84 ～ 98 行	「draw_pose 関数」定義。ポーズ構成用データを読み込み、キャラクターを表示する。当たり判定用パラメータも変数にセットする。
100 ～ 114 行	「coli 関数」定義。キャラクター同士の当たり判定処理を行ない、攻撃を受けた側の体力値を返す。攻撃パーツと頭や体、脚のパーツとの距離で判定している。
116 行	「init 関数」呼び出し
117 ～ 158 行	メインループ (1 秒間に 60 回呼び出される)
118 ～ 119 行	キー入力値取得、ゲームスピード調整
120 行	背景描画
121 ～ 149 行	1P と 2P の処理をループ処理で実行
122 ～ 125 行	キャラクターの左右移動
126 ～ 136 行	キャラクターの技動作をセット
137 ～ 140 行	X,Y 方向への移動量を加算
142 行	キャラクター表示
143 ～ 147 行	当たり判定を呼び出し。受身側の体力 0 (ゼロ) ならダウン動作をセット

148行	1P と 2P の勝ち数表示
150 ～ 154行	タイトル表示
155 ～ 157行	1P と 2P の体力表示

[制作者コメント]

　リソースに制約のある「TIC-80」でたくさんのキャラを使う格闘ゲームをどうやって作ろうかと考えてみました。

　体のパーツ（頭、体、腕×2、脚×2の全6パーツ）を組み合わせて表現すれば「スプライト」を倹約してさまざまなポーズを用意できる！そのポーズを使ってパンチやキックなどの技をアニメーションさせるのだ！
　量を描かずにすむぶん、プログラムやデータの構成が複雑化しましたが、何とかアイデアを形に出来ました。

　しかしながら、せっかくたくさんのキャラを出せるようにしたのに、お絵描きは2キャラぶんで力尽きちゃったので、新キャラ追加にチャレンジしてもらえるとうれしいです。

　①新しいパーツをスプライトに追加して、②変数「pose」にポーズデータを追加して、③変数「anm」にアニメーションデータを追加して、④変数「pm」に能力値（体力、攻撃力、歩幅、ジャンプ力）を追加して、⑤最後に変数「id」に対戦させたいキャラ番号を指定して実行すれば、追加したキャラで遊べますよ！

14 雪山滑走 − スノーグリッディング −

[作者] Kikeroga サンプル：snowglid.lua

君はクールなスノーボーダー！華麗なテクニックで木や雪だるまを避けながら旗をとり、雪山を滑り抜けるのだ！

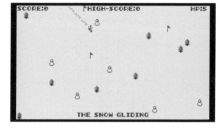

● 操作方法

[X] キーで左右にターンするワンキーゲームです。シンプルだけど楽しいぞ！

ゲームオーバーになったら [Z] キーでリトライできるよ。

ドット絵 (Sprite Editor)

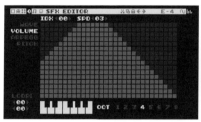

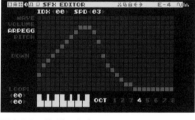

効果音 (SFX Editor) IDX 00 (旗ゲット音)

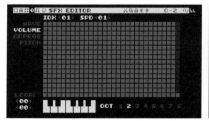

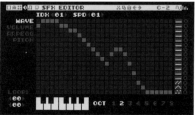

効果音 (SFX Editor) IDX 01 (ダメージ音)

● 変数表（主なもの）

t	ゲームスピード調整用変数
ad	マップエリアの先頭アドレス
x, y	プレイヤー座標
ve	プレイヤー移動方向
dx	プレイヤー移動量
hp	プレイヤーの体力
sc, hs	現在のスコア、これまでのハイスコア
st	処理モード判定用の変数
o	プレイヤー座標上のマップデータ値

● プログラムの説明

1〜4行	タイトルや作者など書いたコメント行（メタデータ）
6〜9行	変数初期化（「init 関数」定義）。変数「ad」にマップアリアの先頭アドレスをセットし、マップを「0」（ゼロ）クリアする。
11〜15行	マップデータを1行ずつ30マスぶん、下から上にコピーして縦スクロール（「scrol 関数」定義）
17行	「init 関数」呼び出し、変数「hs」の初期化
18〜41行	1秒間に60回呼び出されるメインループ（TIC 関数）
19〜25行	ゲームオーバーモード時の処理
26行	プレイヤー（スノーボーダー）の方向転換
27行	ゲームスピード調整
28行	画面端にぶつかったら方向転換する
29行	プレイヤー移動処理、プレイヤー座標のマップデータを変数「o」に取得
30行	変数「o」の内容が「3」（旗）なら得点
31〜33行	変数「o」の内容が「4」（雪ダルマ）か「5」（モミの木）ならダメージ。変数「hp」が「0」以下になったら、変数「st」に「1」をセットし、ゲームオーバーモードにする
34行	マップエリアに「スノーボードの軌跡」を書き込み、マップを画面表示し、「スノーボーダー」も表示する。

35〜38行	「スコア」「ハイスコア」「ヒットポイント」「タイトル」を表示
39行	旗、雪ダルマ、モミの木を乱数でマップデータの最下行にセットする
40行	「scrol 関数」呼び出し

[制作者コメント]

　リストの短さとシンプルなゲーム性、最小限の操作、自分でもわりとお気に入りのワンキーゲームです。

15 気球にのってどこまでも

[作者] Kikeroga サンプル：balloon.lua

フワフワ頼りなく飛ぶ気球を操っ
てカラスの大群をよけるワンキー
ゲーム。

● **操作方法**

[X] キーでバーナー噴射して、気
球を上昇させる

ドット絵 (Sprite Editor)

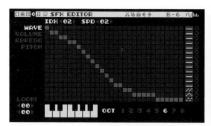

効果音 (SFX Editor)　左：IDX 01、右：IDX 02

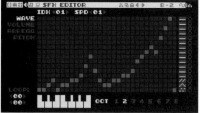

音楽 (Music Editor)

音楽 (Music Editor)　続き

● 変数表 (主なもの)

hi, sc	ハイスコア、スコア
px, py, dx, dy	バルーンの座標と移動量
hp	バルーンの耐久力
cx, cy, cz	背景を流れる雲の座標とサイズ
en	カラスの総数
bx, by, bdx, bdy	カラスの座標と移動量
ov	ゲームオーバーのフラグ

● プログラムの説明

1～4行	コメント (メタデータ)
6行	ハイスコア変数初期化
8～24行	「start 関数」定義。各種「変数の初期化」と「タイトル BGM」の再生開始
25行	「start 関数」呼び出し
26～101行	メインループ (60 秒間に 1 回呼び出される)
28～35行	GAME OVER 処理。変数「ov」が「0」より大きい間は、「ov」から減算しながら画面に「GAME OVER」表示。「0」になったら「start 関数」を呼び出して各種変数を初期化。
37～44行	タイトル表示処理。変数「sc」が「0」の場合はタイトル画面を表示し、[Z] キーの入力待ち。
46～49行	ウェイト処理 (ゲームのスピード調整)
51～58行	バルーン移動処理。[X] キーを押すと上昇 (Y 軸の移動量を減算) し、何もしないでいると重力にしたがってゆらゆらと落ちていきます (Y 軸の移動量を加算)。
60行	背景を青でクリア
62行	スコア加算
63行	バルーンの X 軸 (横方向) の移動量をランダムに加減算し、風の影響を受けているような効果を加えています。
65～74行	背景を流れる雲の描画処理
76～79行	バルーン表示

81〜99行	カラスの発生、移動、表示処理。 スコアに応じてカラスの発生総数を変えています。93〜98行でバルーンとの衝突判定を行なっています。
101〜103行	スコア、バルーン耐久力の表示
105〜107行	ゲームオーバー判定処理

[制作者コメント]

　風にあおられて左右にユラユラさまよう感じが乱数でうまく出せたと思います。

　気球だけにたまたまですが…(ギャフン！

16 NEKOSKY

[作者] 法貴優雅 @MYAOSOFT  サンプル：nekosky.lua

2020 年、日本ではネズミがあふれかえっていた…子年だけに。

しかし、それを阻止しようと神話の時代からネズミを追いかける者がいた！彼はネズミにダマされ、十二支になることができなかったのだ！

宿敵を倒すため今、１ぴきのネコが、タイヤキを手に、飛び立つ！

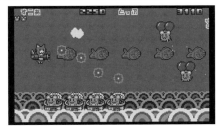

● **操作方法**

「矢印キー」でプレイヤーが移動します。「Ｚキー」でショットします。

敵に当たっても大丈夫です、「当たり判定」がありません。

敵の弾に当たると残機が減ります。残機がなくなるとゲームオーバーです。

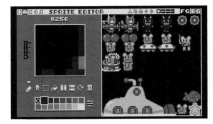 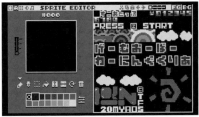

ドット絵 (Sprite Editor)　左：FG、右：BG

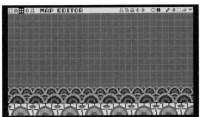 

マップデータ (Map Editor)

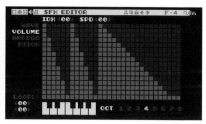

効果音 (SFX Editor) IDX 00

● 変数表 (主なもの)

hi	ハイスコア
md	処理モード (0= タイトル、1= ゲーム)
ph	処理モードのフェーズ
pp	プレイヤーの残機数
seq	敵グループの出現順番
bx	背景のラスタスクロール
ox, oy	キャラクター座標
ow, oh	キャラクターサイズ
ovx, ovy	キャラクター移動ベクトル
of	キャラクター状態フラグ
og	キャラクターのスプライト番号
osc	キャラクターのスコア

● プログラムの説明

1〜4行	コメント（メタデータ）
7〜17行	定数定義
19〜31行	変数定義
33〜34行	ラスタスクロール用変数
36〜50行	キャラクター用変数
55〜61行	パレット3番の色変化操作
62〜101行	タイトル画面処理
102〜118行	ゲーム画面処理
121〜133行	背景をラスタスクロールさせる関数
135〜179行	キャラクター表示関数
181〜215行	spr互換自由拡大縮小回転関数
217〜227行	スプライト数字表示関数
229〜301行	敵の出現を管理する関数
303〜333行	敵を出現させる関数
335〜345行	プレイヤーのショットを発生させる関数
347〜362行	敵のショットを発生させる関数
364〜379行	爆発を発生させる関数
381〜393行	星を発生させる関数
395〜440行	パーティクルを発生させる関数
442〜459行	雲を発生させる関数
461〜640行	キャラクターの移動や当たり判定をする関数
642〜651行	プレイヤーの残機の減少とゲームオーバーの判定と復活させる関数

[制作者コメント]

　「スコア・アップ」には、「星」を取ることが大切です。
　プログラム的には「seq」の番号を変えたりして敵の出現順番を変えたりすると、面白いかもしれません。
（「updateSeq」で処理される番号を確認しないと、敵が出なくなります）

17　銀河布教ザビエル

[作者] Kikeroga　サンプル：xavier.lua

　彼の名は「ザビエル」。

　最新鋭神撃艇に乗り込み、あまね
く銀河に神の教えを伝道するのを使
命とする宇宙牧師である。

　星の海を漂い、布教にまい進して
いた或るとき、彼は未知の知的異星
体に遭遇した。

● 操作方法

　[Z] でゲーム開始。

　方向キーで自機を上下左右に移動し、敵の弾をよけながら [X] でショット！
敵を撃墜してください。

　敵の攻撃を受けると「シールド」が減り、「0」(ゼロ) になるとゲームオー
バーです。

ドット絵 (Sprite Editor)

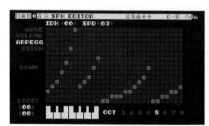
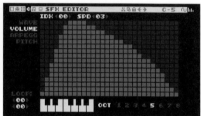

効果音 (SFX Editor)　IDX 00

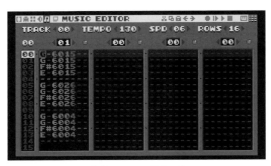

音楽 (Music Editor)

● 変数表 (主なもの)

hp, px, py	自機の HP、座標
gf, gx, gy	自機弾の座標
egf, egx, egy, gdx, gdy	敵弾の座標、移動量
ehp, ex, ey, dx, dy	敵の HP、座標、移動量
stg	ステージ No.
sc, hi	スコア、ハイスコア
htc, htx, hty	火花アニメカウンタ、座標
bmc, bmx, bmy	爆発アニメカウンタ、座標
wpc, wpx, wpy, wen	ワープアニメ、座標、出現する敵の Index
stat	ゲームの処理モード
gm, gf, gx, gy	自機弾の最大数、使用フラグ、座標
egm, egf, egx, egy	敵弾の最大数、使用フラグ、座標
em	一画面に表示させる敵の数
ec	倒すべき敵のステージ毎のノルマ数
eno	敵の種類

● プログラムの説明

1〜4行	コメント (メタデータ)。
6行	全マップエリアをスプライト 96 番でクリア
7〜15行	タイトル画面のテキスト
17〜19行	初期変数定義
21〜26行	abs(絶対値)、rnd(乱数)、cmp(比較値) を取得する便利な関数セットです。
28〜32行	「init 関数」定義 (各種変数の初期化)
34〜45行	「stage 関数」定義。自機の連発数、敵機と敵弾数のセット
47〜56行	「hitchk 関数」定義 (自機弾と敵機の当たり判定)
58〜63行	「scrol 関数」定義。マップエリアの縦スクロール処理
65行	「init 関数」「stage 関数」呼び出し
66〜180行	メインループ (60 秒間に 1 回呼び出される)
67〜71行	次のステージへ行くときのデモ
72〜74行	キー入力、ゲームスピード調整
75〜76行	画面の縦スクロール
77〜88行	タイトル画面処理。タイトル、プロローグ表示、[Z] キー入力待ち
89〜100行	自機移動、弾発射
101〜111行	自機、弾表示
112〜113行	生存してる敵機数をカウント
114〜126行	敵機の移動と発生
127〜132行	敵弾発生
133〜144行	敵弾表示、敵弾と自機の当たり判定
145〜152行	敵機のワープ出現処理
153〜156行	弾ける火花のアニメ処理
157〜160行	爆発アニメ処理
161〜165行	ゲームオーバー処理
166〜171行	次のステージへの設定処理
172〜179行	タイトル、スコア、ノルマ、耐久力などの表示

18 ALIEN SHOOTER

[作者] Kikeroga サンプル：alien.lua

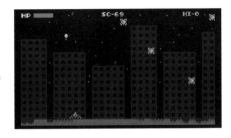

突如、夜の街に "ギャオー！" っと現われたエイリアンズ。

逃げていた君は偶然、放棄された軍の新型兵器に乗りこんで戦うのだった。

● 操作方法

「カーソル・キー」で左右に移動し、[X] キーでショット！

エイリアンが体当たりした地面は砕けて移動しづらくなっていきます。

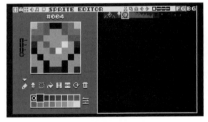
ドット絵 (Sprite Editor)

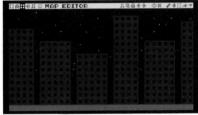
ドット絵 (Sprite Editor)

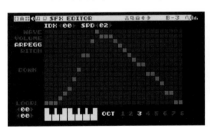

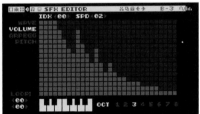

効果音 (SFX Editor)　IDX 00

● 変数表 (主なもの)

x, y, hp	自機の座標、自機の耐久力
bx, by, bm	弾の座標、最大数
ex, ey, dx, dy	エイリアンの座標、移動量
em, es	エイリアンの最大数、現在数

ox, oy, oh, oc	爆発の座標、サイズ、処理カウンタ
sc, hi	スコア、ハイスコア

● プログラムの説明

1〜4行	コメント文（メタデータ）
6〜7行	初期変数の宣言
9〜10行	abs（絶対値）、rnd（乱数）など便利関数の定義
12〜14行	gone_al 関数定義（エイリアン撃墜処理）
16〜22行	「init 関数」定義。ハイスコア更新、ゲーム開始時の設定初期化
24行	「init 関数」呼び出し、開始時にタイトルになるように変数「hp」をゼロにする
25〜86行	メインループ（1秒間に60回呼び出される）
26行	背景画面表示
27〜33行	自機と弾の表示
34〜37行	エイリアン発生処理
38〜48行	エイリアンの移動と表示
49〜50行	爆発の表示
51〜60行	エイリアンと弾の当たり判定
61〜67行	エイリアンと自機の当たり判定
68〜71行	ゲームステータス表示
72〜77行	タイトル表示、[Z] キーが押されたらゲーム開始
78〜81行	自機の移動（地面の状態によって移動量を調整）
82〜85行	弾の発射セット

[制作者コメント]

　「TIC-80」は、コードだけでなく、「絵」や「サウンド」のエディタへも極めて軽快に行ったり来たりできるのが大きい。手間なくストレスなく試行錯誤を積み上げていけるから夢中にもなりやすい。

19　スペースバスター

[作者] Kikeroga  サンプル：spcbst.lua

　君は銀河を守るスターファイター
のエースパイロット。
　超空間から地球に迫りくる宇宙の
モンスターウィルスを退治せよ！

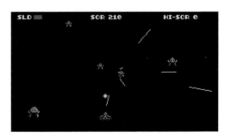

● 操作方法

カーソル・キー	左右移動
[X] キー	貫通ショットを発射

ドット絵 (Sprite Editor)

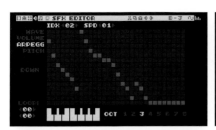

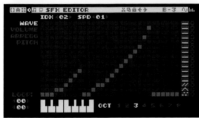

効果音 (SFX Editor)　IDX 00

音楽 (Music Editor)

● 変数表 (主なもの)

flag, x, y, xo, yo, dx, dy	背景を流れる星の存在フラグ、開始・終了点座標、移動量
xs, ys	画面サイズ
px, py, htp	自機座標、耐久力
bc, bx, by	自機弾の Z 軸距離と座標
hc, hx, hy	爆発処理のカウンタと座標
em, ew, ec	敵の出現数、出現数の上限、存在有無フラグ
ex, ey, edx, edy	敵の座標、移動量
sc, hi	スコア、ハイスコア
t	ゲームスピード調整

● プログラムの説明

1〜4行	コメント文 (メタデータ)
6〜8行	初期変数の宣言
10〜15行	「abs(絶対値)」「rnd(乱数)」「cmp(比較)」など便利関数の定義
17〜24行	「init 関数」定義。ハイスコア更新、ゲーム開始時の設定初期化
26〜32行	「set_star 関数」定義 (背景を流れる星の発生処理)
34行	「init 関数」呼び出し
35〜101行	メインループ (1 秒間に 60 回呼び出される)
36〜37行	ゲームスピード調整、画面クリア
38〜49行	背景を流れる星の移動処理
50〜58行	敵の発生処理
59〜76行	敵の移動と表示、敵と自機弾の当たり判定、敵と自機の当たり判定
77〜81行	自機の移動と弾発射
82〜86行	自機弾の表示
87〜88行	爆発の表示
89〜91行	ゲームステータス表示
92〜97行	ゲームオーバー表示、[X] キーが押されたらゲーム再開
98〜100行	Y 軸座標調整、自機表示

[制作者コメント]

　最初は星が流れるワープシーンみたいなデモを作っていたのですが、いろいろいじってるうちに何となく出来上がっちゃった「擬似 3D ゲーム」です。

　好きなんですよね〜「擬似 3D」(^^

20　3ぷんRPG

[作者] 法貴優雅 @MYAOSOFT　　サンプル：3punrpg.lua

　マオウから世界を救うため、今、ユウシャが旅立つ。

　3分くらいで、世界を救う RPG です。

● **操作方法**

「矢印キー」でユウシャが移動します。

「Zキー」で各種決定をします。

HPがなくなるとゲームオーバーです。

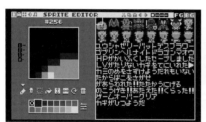 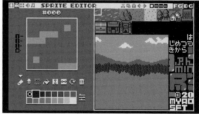

ドット絵 (Sprite Editor)　左：FG、右：BG

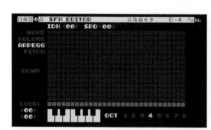 

効果音 (SFX Editor)　IDX 00

● 変数表 (主なもの)

MX, MY	マップサイズ
LX, LY	メッセージ表示初期位置
md	処理モード (0 = タイトル、1 = ゲーム)
ph	処理モードのフェーズ
m	マップデータ (46 x 40)
dat	表示マップデータ (32 x 32)
bn, bx, by	戦闘背景表示スプライト番号と座標
ns, nw	戦闘での名前スプライト番号と長さ
lv	ユウシャのレベル
hp	ユウシャのＨＰ
en, ep	戦闘の敵番号と敵のＨＰ
ofx, ofy	マップ移動時の座標のオフセット
px, py	ユウシャの座標
at, am	アニメーション用変数
fe	イベント進行フラグ

● プログラムの説明

1〜4行	コメント（メタデータ）
7〜10行	定数定義
12〜125行	変数定義
129行	マップ表示処理（「updateSea()」はコールバックによるマップの書き換え処理を行なう）
131〜133行	アニメーション更新処理
137〜156行	タイトル画面処理
159〜行	マップ移動画面処理
160〜173行	キー入力によるユウシャの向きと移動できるかの判定
175〜186行	ユウシャの移動処理
188〜216行	移動後のイベント発生処理
218〜221行	敵とのエンカウント処理
224行	ユウシャの表示
225〜241行	メッセージ表示処理
244〜296行	戦闘処理
298〜300行	ゲームオーバー表示処理
302〜305行	ゲームクリア表示処理
307〜312行	ユウシャのステータス表示処理
315〜326行	マップ作成処理関数
328〜337行	マップチップをマップに貼る関数
339〜351行	海のマップチップを差し替える関数
353〜357行	データセーブ関数
359〜366行	データロード関数

[制作者コメント]

　HP が減ったら宿屋に泊まるを忘れなければ問題ないと思います。
　BGM は「TRACK00」が「ドビュッシーのパスピエ」で、「TRACK01」が「シューベルトの魔王」です。

21 　ドラゴンスレイニャー

[作者] Kikeroga　サンプル：slanyer.lua

あなたは救世を託された勇者。
　世界中に跳梁跋扈するモンスターと戦いながらレベルアップし、奴らを全滅させるのだ！

● 操作方法

矢印キー	上下左右に移動
[X](Joypad B)	フードを食べて HP を回復
[A](Joypad X)	ゲームデータのセーブ
[S](Joypad Y)	ゲームデータのロード

・地形効果

沼	毒があり HP が減少する
町	HP を少しだけ回復する
城	食料を入手できる

ドット絵 (Sprite Editor)　左：BG、右：FG

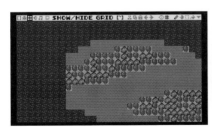
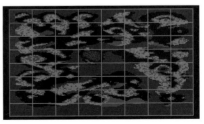

マップデータ (Map Editor)

音楽 (Music Editor)

● 変数表 (主なもの)

ec	初期設定された敵モンスター総数
es	現在の敵モンスター総数
nm	敵モンスターの名前リスト
ei, ex, ey	敵モンスター ID、座標
ehp, eap, edf	敵モンスターの体力、攻撃力、防御力
x, y	プレイヤーキャラの座標
lv, xp	プレイヤーキャラのレベル、経験値
hp, ap, df	プレイヤーキャラの体力、攻撃力、防御力
fd	プレイヤーキャラの所有フード (食べ物)
tm	ゲームの残り時間
msg	メッセージ表示用変数
dmg	ダメージ計算用変数

● プログラムの説明

1 〜 4 行	コメント文 (メタデータ)
6 〜 10 行	初期変数宣言
12 〜 16 行	「save 関数」定義 (ゲームデータのセーブ)
18 〜 22 行	「load 関数」定義 (ゲームデータのロード)
24 〜 32 行	「rnd(乱数)、cmp(比較) 関数」定義

34～40行	「within 関数」定義。敵モンスターが表示画面内にいるかどうかを判定する
42～44行	「lvup 関数」定義(プレイヤーキャラのレベルアップ処理)
46～56行	「set_en 関数」定義(敵モンスターの配置)
58～64行	「init 関数」定義(ゲーム開始時の設定初期化)
66～94行	「enemy 関数」定義。敵モンスターの移動、バトル、プレイヤーキャラのレベルアップ処理
96行	「init 関数」呼び出し
97～143行	メインループ(1 秒間に 60 回呼び出される)
98～110行	プレイヤーキャラの操作。キー入力による移動、フード使用、セーブ、ロードの処理
111～116行	敵モンスターの移動とバトル処理(enemy 関数呼び出し)
117～120行	マップ、プレイヤーキャラの表示
121～126行	敵モンスターの表示
127～136行	ゲームステータス表示
137行	メッセージ表示
138行	ゲームオーバー処理
139～142行	ゲームクリア処理
353～357行	データセーブ関数
359～366行	データロード関数

[制作者コメント]

　このゲームは操作方法にある通り、「pmem 命令」を使った「セーブ機能」があります。

　「pmem 命令」は、32 ビット値を最大 256 個ぶん、プラットフォームのローカルエリアに恒久的に (要はパソコンにファイルとして) 保存できます。

　RPG やアドベンチャーを作りたい人は使い方を理解しておきましょう。

　それでは、1984 年製「PC-8801 版ドラゴンスレイヤー」に愛と感謝をこめて。

22　ダンジョンウォーカー

[作者] Kikeroga サンプル：dungeon.lua

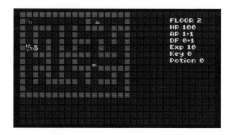

　うごめくモンスターを倒してレベルアップしながら迷宮の奥深くへ冒険だ！

　迷宮は魔法によって自動生成されるため毎回異なった様相となる。

　後戻りはできない。

● 操作方法

[Z]キー	ポーション (体力回復薬) を使用する。
[X]キー	敵を斬る・ドアをあける・宝箱をあけるなど

ドット絵 (Sprite Editor)

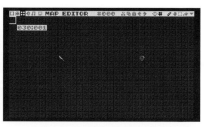
マップデータ (Map Editor)

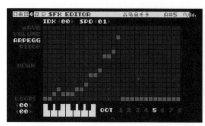

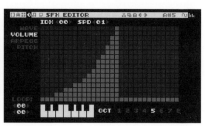
効果音 (SFX Editor)　IDX 00

音楽 (Music Editor)

● 変数表 (主なもの)

enm. nm	敵モンスターの名前リスト
enm. hp	敵モンスターの体力リスト
enm. ap	敵モンスターの攻撃力リスト
enm. df	敵モンスターの防御力リスト
ob. id	敵モンスター ID
ob. hp	敵モンスターの体力
ob. ap	敵モンスターの攻撃力
ob. df	敵モンスターの防御力
ob. x	敵モンスターの X 座標
ob. y	敵モンスターの Y 座標
ob. dr	敵モンスターの移動方向 ID
ob. dc	敵モンスターの移動距離
rnk	プレイヤーキャラ用の称号リスト
pt	プレイヤーキャラのスプライトパターン番号と移動方向の値を格納
pi	移動方向 ID
ac	プレイヤー斬撃アニメ用
flr	迷宮の階数
ov	ゲームオーバー状態値
hp, ap, df, ep	プレイヤーキャラの体力、攻撃力、防御力、経験値

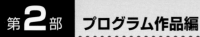

ky	カギの所有数
po	ポーション（回復薬）の所有数
wp	武器の強さ
sh	防具の強さ
ek	殺した敵モンスター数
xs, ys	自動生成する迷宮のサイズ

● プログラムの説明

1～4行	コメント文（メタデータ）
6～38行	変数の初期設定
40～46行	「init 関数」（各種変数の初期化）
48～74行	「maze 関数」（迷宮の自動生成）
76～112行	「stgmk 関数」。「maze 関数」呼び出し、「アイテム」と「敵モンスター」の配置
114～144行	「enemy 関数」（敵モンスターの移動と表示）
146行	変数「flr」の初期化
148～284行	メインループ
150～157行	タイトル画面処理。変数「flr」が「0」のときは、タイトル表示して [Z] キー入力待ち。[Z] が押されたら「init 関数」、「stgmk 関数」を呼び出してゲームスタート
159～173行	ゲームエンド画面処理。変数「ov」が「0」より大きいときは「ゲームオーバー」「称号」「殺したモンスター数」など表示して [Z] キー入力待ち。[Z] が押されたら変数「ov」と「flr」をクリアする
175～184行	迷宮内のポーション、防具、武器、カギの取得
186～200行	プレイヤー移動先のチェックと移動処理
202～203行	迷宮とモンスターの画面表示
205～237行	プレイヤーの剣撃動作による各種処理
206～208行	剣撃アニメ表示
209～212行	ドアの解除

213～230行	宝箱を壊す（アイテムやモンスターがランダムに発生）
231～236行	壁を破る（ただし武器が壊れる）
238行	プレイヤーキャラ表示
239～240行	[X]キーで剣撃
241～244行	[Z]キーでポーション使用（体力回復）
246～252行	プレイヤーステータスの画面表示
254～282行	コリジョン処理
262～268行	「プレイヤー」と「モンスター」の当たり判定。当たっていればプレイヤーの体力が減る。体力が1以下ならゲームオーバー
269～280行	「プレイヤーの剣」と「モンスター」の当たり判定。当たっていればモンスターの体力が減り、経験値を加算。経験値が一定数以上になればレベルアップ！モンスターが死ねば変数「ek」に加算

[制作者コメント]

「レベル」「倒したモンスターの数」によって、ゲームエンド時に称号が冠されます。

23　SPACE UNICORN

[作者] Kikeroga　サンプル：unicorn.lua

　突如、太陽系に襲来した宇宙怪獣は、その容貌から「サイクロプス」と名付けられた。

　「サイクロプス」を撃退するため、宇宙艦隊は最新鋭の戦艦「ホワイトユニコーン」を緊急出動させた。君は「ホワイトユニコーン」のキャプテンである。

　「ワープエンジン」や「ホーンブラスター」などの強力な機能を駆使し、銀河に散らばる多数の宇宙怪獣サイクロプスを期限内に全滅させねばならない。

● 操作方法

①画面下部に表示される以下のコマンドを、左右キーで選択し、[X] キーで実行します。

REPORT	状況報告
WARP ENGINE	ワープエンジン
SR. SENSOR(SHORT RANGE SCAN)	近距離センサー
LR. SENSOR(LONG RANGE SCAN)	長距離センサー
GALAXY MAP	銀河系マップ
LASERS	レーザー砲
BLASTER(HORN BLASTER)	ホーンブラスター

②「REPORT」コマンドは、ユニコーンの損害状況も含めて、以下の状況が報告されます。

・残り日数 (TIME LEFT)

　ワープを一つ実行すると日数が 1 日減り、これがゼロになると時間切れで負けになる。

・状態（CONDITION）

現在の総合的な状態を、「危険 (RED)」「注意 (YELLOW)」「安全 (GREEN)」「寄港 (DOCKED)」で表示する。

・現在の座標 (POSITION)

「クォドラント」(QUADRANT) と「セクター」(SECTOR) の座標で、「Q＝28 S＝38」のように表示される。

> ## - クォドラント (QUADRANT)
> 「大宇宙」のことで、「8×8＝64 マス」から成っており、ここでは「1〜8」の座標で表示される。
> ## - セクター (SECTOR)
> クォドラントの中の「小宇宙」のことで、同じく「8×8」の座標で表示される。

・エネルギー (ENERGY)

ユニコーンの保有エネルギー。

満タン時は「4000」。これもゼロになると負けとなる。宇宙基地に着くと消費ぶんが補充される。

・ホーンカートリッジ (HORNS)

ブラスターの残弾。

フル装填時は「10」。宇宙基地に着くと、撃って無くなったぶんは再装填される。

・サイクロプス (CYCLOPS)

敵の残り数。

---

③「WARP ENGINE」コマンドは、「移動距離」(SPEED:) と「移動方向」(COURSE:360 度) を上下キーで設定後、「WARP ENGINE」を選択して実行します。

最大スピードは「10」で、方向は「北が 0 度、東が 90 度、南が 180 度、西が 270 度」になります。

斜め移動する場合は、その中間の角度を入力してください。

④「SR. SENSOR」コマンドを入力すると、「8×8」マスのセクター領域の状況が表示されます。

「セクター領域」には、以下のアイコンが表示されます。

・何も無い宇宙空間。
・ホワイトユニコーン
・サイクロプス
・宇宙基地 (ユニコーンが修理や補給を受ける場所)
・星 (小惑星) 基本的には障害物で、ワープ移動やブラスター攻撃の際に邪魔となる。

アイコンは、[Z] キーでいつでも Help 表示できるので、確認してください。

⑤「LR. SENSOR」コマンドを入力すると、ユニコーンを中心としたクォドラント領域の状況が 1 マスあたり最大三桁の数値で表示されます。

三桁の数値の「100」の位がそのマスにいるサイクロプスの数、「10」の位が基地の数、「1」の位が惑星の数となっています。

⑥「GALAXY MAP」コマンドでは「銀河系マップ」を表示します。

以前に「長距離センサー」で確認ずみの領域だけが状況表示されますが、表示される数値は「長距離センサー」確認時点の古い情報のままとなっているため、たとえば三桁の数値の「100」の位がない場合でも「サイクロプス」が潜んでいる可能性があります。

⑦「LASERS」コマンドで「レーザー砲」を発射します。

投入するエネルギー値 (ENERGY:) を上下キーで設定し、「LASER」を選択して実行してください。自動照準、かつ複数の敵に同時攻撃します。サイクロプスへのダメージはユニコーンとの距離と敵の数、エネルギー量で計算されます。距離が近く、大きなエネルギー値であるほど攻撃力は強くなります。

⑧「BLASTER」コマンドを入力すると「ホーンブラスター」を発射します。

発射する方向 (COURSE:360 度) を上下キーで設定し、「BLASTER」を選択して実行してください。

方向は「北が 0 度」「東が 90 度」「南が 180 度」「西が 270 度」です。斜めに発射する場合は、その中間の角度を入力してください。

⑨ 機関の故障

　故障すると、その機関は使用不能となります（ただしワープは故障時も1
スピードまでは可能）。

　故障発生時に表示されていた日数がたつと、修理が完了します。

　基地に寄港するとすぐ全機関が修理され、「エネルギー」も「魚雷」もす
べて補充されます。

　寄港方法は、基地に隣接すればOK。接艦中は「サイクロプス」の攻撃を
受けても基地が保護してくれるため、ダメージを受けません。

⑩ ゲームの終了

　制限日数内にすべての「サイクロプス」を破壊すれば勝ちとなります。

　勝った場合、「残り日数」や「死傷者数」を評価してスコアが表示されます。

　「日数」か「エネルギー」が無くなると負けです。

ドット絵 (Sprite Editor)

● 変数表 (主なもの)

mapd	宇宙マップ用のテーブル変数
gyo	メッセージ格納用のテーブル変数
li, lh, ly	メッセージ表示エリア用
u, v, x, y	ユニコーン号の座標
cm	コマンド文字列を格納したテーブル変数

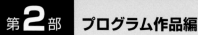
● プログラムの説明

1〜4行	コメント (メタデータ)
6〜7行	初期変数定義
9〜21行	「abs(絶対値)」「rnd(乱数)」「cmp(比較値)」を取得する便利な関数セットです。
23〜28行	「lset 関数」定義 (メッセージを表示用のテーブル変数にセット)
30〜82行	「type 関数」定義 (各種コマンドの入力処理)
84〜104行	「init 関数」定義 (変数の初期化、ゲームの開始設定)
106〜109行	「repair_ok 関数」定義 (ユニコーン号の修理)
111〜114行	「entp_in 関数」定義 (ユニコーン号の配置)
116〜132行	「in_map 関数」定義 (マップに敵、小惑星、基地を設定)
134〜139行	「mput 関数」定義 (マップへの値配置)
141〜143行	「entp_qs 関数」定義 (ユニコーン号の座標表示)
145〜169行	「end_judge 関数」定義 (ゲーム終了判定)
171〜185行	「dock 関数」定義 (宇宙基地接艦時の修理・補給処理)
187〜208行	「laser 関数」定義 (レーザー砲による攻撃処理)
210〜208行	「fire 関数」定義 (敵へのダメージ値算出)
219〜229行	「hits 関数」定義 (敵の生死判定処理)
231〜270行	「blaster 関数」定義 (ブラスターによる攻撃処理)
272〜290行	「cyclops_atk 関数」定義 (敵の攻撃処理)
292〜301行	「casualties 関数」定義 (怪我人の算出)
292〜317行	「damaged 関数」定義 (ユニコーン号の故障箇所判定)
319〜339行	「report 関数」定義 (ユニコーン号の状態報告)
341〜360行	「sr_sensor 関数」定義 (近距離センサー表示)
362〜378行	「lr_sensor 関数」定義 (長距離センサー表示)
380〜399行	「galaxy_map 関数」定義 (銀河系マップ表示)
401〜451行	「warp 関数」定義 (ユニコーン号の移動処理)
453〜462行	「course 関数」定義 (ユニコーンの移動やブラスター発射方向の角度計算)

464行	「init 関数」呼び出し
465〜491行	メインループ（60秒間に1回呼び出される）
466〜470行	ゲームエンド時の処理。[Z] キー入力待ちとなり、押せばゲームを再開する。
471〜472行	「type 関数」呼び出し（各種コマンド入力処理）
473〜474行	画面クリア、コマンド表示エリア描画
475〜478行	メッセージ表示
479〜489行	各種コマンド表示

[制作者コメント]

　地味ですが、ナウなヤングにじっくりと遊んでもらいたい。クラシカルながら完成された鉄板ゲームです。
　潜水艦戦のような面白味を感じられると思います。

　プログラムの長さの割に変数表の記載が少ないのはほとんどが「共通変数」だからです。
　移植元となったプログラム言語の「Tiny BASIC」は、アルファベット 26 文字ぶんしか変数が使えず、少ない変数を共用してやりくりするのが普通のスタイルだったのです。
　その是非はともかく、元のコーディングを忠実に移植している結果、そのようになっているワケですね。

24 エスケイプルーム

[作者] Kikeroga サンプル：escape.lua

　気を失っていたらしい。目覚める
とあなたは部屋に閉じ込められてい
た。ドアにはカギがかかっている。
　この部屋から何とか脱出しなくて
は…！

● 操作方法

「カーソル・キー」の上下で選択肢を選び、[Z] キーで行動を決定します。

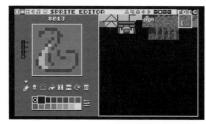 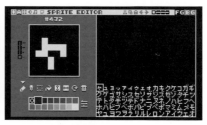

ドット絵 (Sprite Editor)　左：BG、右：FG

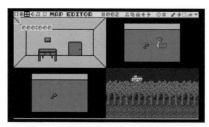

マップデータ (Map Editor)

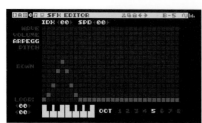 

効果音 (SFX Editor)　IDX 00

● 変数表 (主なもの)

scn	シナリオデータ格納用のテーブル変数
yomi	仮名文字のローマ字読み文字列を格納したテーブル変数
moj	カナ表示させたいローマ字文字列
lns	シナリオデータから読み込んだ 1 行ぶんの文字列
v	文字列操作するための汎用テーブル変数
lb	ラベル名 (文字列) を格納するテーブル変数
cho	選択肢 (文字列) を格納するテーブル変数
fl	フラグの値を格納するテーブル変数
msg	表示する文章を格納するテーブル変数
mi	表示する文章の行数
gn	表示する画像 (マップエリアにある) 番号
sn	選択肢のインデックス
pg	シナリオデータの現在位置
wt_inp	キー入力待ちの状態値
slc	選択肢の数

● プログラムの説明

1 ～ 4 行	コメント文 (メタデータ)
6 ～ 16 行	カナ表示のローマ字読みデータ
18 ～ 29 行	カナ表示関数
31 ～ 37 行	「init 関数」(各種変数の初期化)
39 ～ 45 行	文字列分割関数
47 ～ 53 行	ラベルのある行へジャンプする関数
55 行	「init 関数」呼び出し
57 ～ 118 行	メインループ
58 ～ 92 行	キー入力待ちでない場合の処理
59 ～ 62 行	シナリオデータから 1 行読み込み

63〜66行	@GRP 命令があれば変数「gn」に画像番号をセット
67〜71行	@SEL 命令があればラベルと選択肢をセット
72〜73行	@INP 命令があればキー入力待ち状態にする
74〜75行	@JMP 命令があればラベルにジャンプ
76〜80行	@FLG 命令があればフラグに値をセット
81〜87行	@IF 命令があればフラグ値を判定し、真ならラベルにジャンプ
88〜92行	表示させたい文章を変数「msg」にセットする
93〜117行	キー入力待ちの場合の処理
94〜96行	画像番号に合った絵をマップエリアから画面に表示する
97〜100行	変数「msg」にセットされている文章を画面に表示する
101〜116行	選択肢の表示、カーソルの上下キーで選択肢を移動させる
120〜213行	シナリオデータ

[制作者コメント]

「TIC-80」は、元々は「英数字」しか使えませんが、このプログラムではカタカナ表示を実現しています。

6 〜 29 行目の部分がそうですが、できるだけ「シンプルな使い勝手」と「レトロ感」をフィーチャーしたかったので、"あえて"カタカナのみの対応としています。

ゲームに組み入れる際にも、なるべく邪魔にならないように、フォントも「FG」の後半部分に配置しました。

プログラムの仕組みさえ理解できれば、ひらがなにも対応するなどの機能拡張をするのは難しくないと思います。何事も工夫次第、ないものは作ればいいという一例です。

*

ちなみに 120 行目以降はシナリオデータなので、「アドベンチャー・ゲーム」としての基本ロジックは 100 行もありません。

「シナリオデータ記述命令」は、次の 6 種が用意されています。

@GRP 絵の番号	指定された番号の絵を表示する。
@SEL 飛び先のラベル 選択肢	決定した選択肢のラベルにジャンプ。
@INP	キー入力待ち。
@JMP ラベル	ラベルにジャンプ。
@FLG フラグ番号 値	指定されたフラグに値をセット。
@IF フラグ番号 値 ラベル	指定フラグの値が真ならラベルへ。

※ ラベル …… 「SEL」「JMP」「IF」命令の飛び先となります。

もしプログラムを改造するなら、「音楽」を再生できる命令がほしいところです。

ですが、「絵」と「シナリオ」をオリジナルに変えるだけでも、あなただけのアドベンチャーゲームが作れます。ぜひトライしてみてください！

25　ビックリコングのジャンケンポン !!

[作者] 26℃　サンプル：janken.lua

　ゴリラにジャンケン３連勝すれば勝ち。

● 操作方法

　キーボードの「←・↑・→」で「グー、チョキ、パー」に変更。

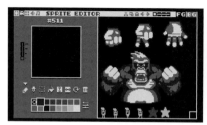　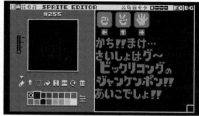

ドット絵 (Sprite Editor)　左：FG、右：BG

● 変数表 (主なもの)

scene	コルーチン
waittimer	ゴリラの行動を停止させるタイマー
er	落ちてくるの手の動く距離
esp	落ちてくるの手の速度
et	落ちてくるの手の処理のラジアン
lastCnt	「3.14」に掛ける倍率、ゴリラの手の上下の動きは三角関数の「cos」を利用して表現している、ラジアンの「3.14」は「180 度」。 「lastCnt=1」だと振り下ろすまでの行動をとり「lastCnt=2」だと手を上に戻すまでの行動をとる。

● プログラムの説明

　このゲームは、「コルーチン」で処理を制御しています。

　「yield 命令」で「コルーチン」を中断し、「resume 命令」で「コルーチン」を再開します。

　「中断」と「再開」の境目で、「変数」の設定や「関数」の実行を行なっています。

・コルーチンの流れ

[1] キー入力で「コルーチン」開始、ゴリラ登場まで待機。

[2] 余韻を残すため少し待機。

[3] 「最初はグー」の文字画像を表示させ、少し待機。

[4] 「最初はグー」の手の上下移動をさせる。

[5] ポンの手を振り下ろす。

[6] 画面が揺れる演出を行ない、少し待機。

[7] 「勝ち」「負け」「あいこ」を判定し、「勝ち」「負け」ならループから抜ける。
　　「あいこ」なら少し待機。

[8] 手を上昇させジャンケンを続行する。

1～33行	初期変数設定
34～37行	ボタンマークの位置取得関数
44～47行	数値の補間関数
48～53行	2つの色を混ぜる関数
54～62行	文字の画像の情報登録
63～74行	文字の画像の表示関数
75～157行	コルーチン
159～167行	勝敗判定関数
169～207行	エフェクトの登録
209～293行	メイン処理

26　帰ってきた野球拳

[作者] 土筆　サンプル：yakyuken.lua , yakyuken_eng.lua

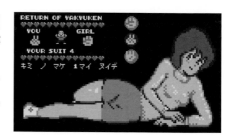

「やぁきゅうぅ〜すぅるなら〜♪」
でおなじみのみんな大好き野球拳が
昭和から令和に帰ってきた！

　今だ今こそ本能全開だ！じゃんけ
んに勝ちまくって彼女をまるっとハ
ダカにしちゃうのだぁ！

● 操作方法

「カーソル・キー」の左	グー
「カーソル・キー」の上	チョキ
「カーソル・キー」の右	パー

　またはマウスで画面の「グー」「チョキ」「パー」の絵をクリックします。
[Z] キーで次へ進みます。

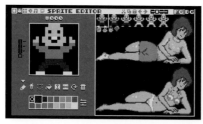
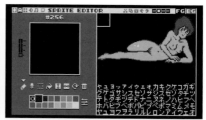

ドット絵 (Sprite Editor)　左：BG、右：FG

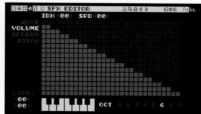

効果音 (SFX Editor)　IDX 00

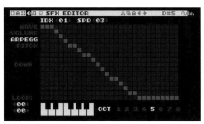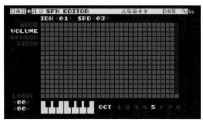

効果音 (SFX Editor)　IDX 01

● 変数表 (主なもの)

yomi	仮名文字の「ローマ字読み文字列」を格納したテーブル変数
moj	「カナ表示」させたいローマ字文字列
msg	表示するメッセージを格納する
d1	服の枚数 (プレイヤー側)
d2	服の枚数 (女の子側)
stat	ゲームの処理モード (0= 入力待ち、1= 勝敗判定、2= 終了状態)
dat	スプライトパターン配置用のデータ

● プログラムの説明

1 〜 4 行	コメント文 (メタデータ)
6 〜 16 行	カナ表示のローマ字読みデータ
18 〜 29 行	カナ表示関数
31 〜 33 行	「init 関数」(各種変数の初期化)
35 〜 39 行	「pause 関数」定義。[Z] キーまたはマウスクリックの入力待ち処理
48 〜 54 行	「girl 関数」定義 (女の子描画)
56 行	「init 関数」呼び出し
57 〜 108 行	メインループ (1 秒間に 60 回呼び出される)
59 〜 66 行	画面クリア、ゲームステータス表示
68 行	女の子とメッセージを表示
70 〜 73 行	「グー」「チョキ」「パー」のドット絵を表示

75 ～ 80 行	ゲーム終了状態の処理。マウスクリックまたは [Z] キーでゲーム再開する
82 ～ 99 行	お互いの出した手を表示、勝負の判定
101 ～ 106 行	お互いの出す手を決める

[制作者コメント]

　これは 1980 年代に「PiO」という雑誌に「SORD M5」用プログラムとして掲載された「野球拳」というじゃんけんゲームのリメイク版です。
　奇しくも同じ出版社で復活を果たせるとは夢にも思いませんでした…。

　プログラムを完成してみると、意図せず煩悩の数と同じ行数になっていました。
　まさにミラコォ…これもきっと御仏のお導きなのでしょう。
　ゴォーン…ゴォーン…ウエスト…ニンニキニキニキニン…

1985 年 6 月号 PiO「やきゅうけん」SORD M5 BASIC-G 用　作 土筆

27 セルオートマタイル

[作者] 魚鈎 サンプル：CellAutomaTile.lua

　ルールの設定が簡単な「二次元セルオートマトン」を「オートタイル」で表示するプログラムです。

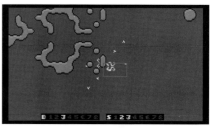

＊

　「ライフゲーム」というものをご存知でしょうか？

　詳細は割愛しますが、格子状のマス（セル：Cell）に生と死を割り当てて、以下のルールによって次の世代の生死を決めて、それを繰り返すシミュレーションです。

・「生セル」の周り 8 セルのうち、「生セル」が 2, 3 個の場合、次世代も生（Save）
・「死セル」の周り 8 セルのうち、「生セル」が 3 個の場合、次世代は生（Both）
・それ以外は次世代は死

　上記のルールを「B3/S23」（や「23/3」など）と表現します。

　このプログラムでは画面下の 'B' や 'S' に続く数字をクリックすることで、このルールを変更することが可能です。

＊

　表示には「オートタイル」の仕組みを利用しています。

　「オートタイル」とは、周りのタイルの種類によって表示を変えるタイルです。

　言葉自体は比較的新しいと思いますが、同様の処理などは古くからあるはずです。

　同じ種類のタイルならつながっているように表示、異なっていれば境界線を表示、その他「影の表現」など、応用はさまざまです。

　「TIC-80」の「map 命令」には、マップデータはそのままで、表示のみ差し替える「remap」という仕組みが使えます。

● 操作方法

マウス移動	拡大表示する範囲を表わす枠の移動
画面下部の数字を左クリック	ルール変更
マウス右クリック	一時停止
「Z」キー	表示タイル変更

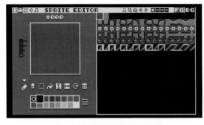

ドット絵 (Sprite Editor)

マップデータ (Map Editor)

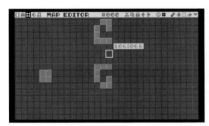

マップデータ (Map Editor) – 初期パターン配置

● 変数表 (主なもの)

rules	次世代の生死ルールを保持するテーブル（rules[現状態][周りの生セルの数] → true：生、false：死)
ptnum, ptnMax	初期タイルパターン番号、タイルパターン数
rm	「map 命令」に渡すオートタイル処理用の関数（remap 関数)
bfr	前世代の状態を保持するテーブル（現世代の状態はマップデータに保持)
mx, my	拡大表示するエリアの左上座標（マウスの座標)

● プログラムの説明

1〜4行	コメント（メタデータ）
6行	状態（死 or 生）を表わす定数定義（兼タイル id）
7行	フィールドの幅、高さ（最大 240, 136）
8行	拡大表示するエリアの幅、高さ（セル、枠のドット数）
9行	背景色、（全体表示の）ドット色
10行	タイルパターン番号の初期値、パターン最大値（種類数）
11行	前世代の状態を保持するテーブルの宣言（初期化）
12行	マウス座標、ボタン状態、カウント用変数を宣言
13〜15行	次世代生死ルールの初期化（デフォルトはライフゲーム S23/B3）
16〜21行	オートタイル処理用「remap 関数」定義（参考：Auto Tileset Mapping） https://github.com/nesbox/TIC-80/wiki/Auto-Tileset-Mapping
22〜28行	ルール表示処理定義
29〜34行	ルール変更処理定義
36〜59行	TIC function 定義
37行	マウス左ボタン前フレーム状態退避
38行	マウス状態取得（中ボタンは未使用）
39行	右ボタンが押されていれば処理終了（一時停止）
40〜41行	「ボタン 4」(X キー) でタイル番号増加（「1 〜 ptnMax」の繰り返し）
42行	画面を「bgCol 色」でクリア
43行	すべてのセルに対して
44行	マップデータ（セル状態）を「bfr テーブル」に退避
45行	マップデータが「0」より大きければ（1 なら）画面に dotCol 色でドット描画
47〜48行	左ボタンクリックかつ前フレームでクリックなしならルール変更処理試行
49行	マップ（拡大表示）描画
50〜51行	ルール設定描画

52〜58行	ルールに従いマップデータに次世代状態をセット
53行	近傍の生セルの個数（n）に初期値「0」、対象のセル状態を「t」にセット
54〜56行	生セル（自身含）の数え上げ処理
57行	ルールテーブルに［対象セル状態］［8近傍の生セル個数］が「真」であれば「1」(生)、「偽」なら「0」(死)をマップデータに書き込む（ルールでは自身を含まないので「n」から「t」を引く）

[制作者コメント]

　「B」や「S」の文字部分をクリックすると、0個時のルールを変更できます。

　使用頻度が低いために、裏技的な操作です（バグではありません、ええ）。

＊

　いろいろなルールを集めたリストがあったので、掲載します。

> List of Life-like cellular automata
> https://conwaylife.com/wiki/List_of_Life-like_cellular_automata

　「TIC 関数」より前の変数初期化は、「local」でなくてもかまいません（宣言のみの行は行ごと不要）。

　ただし、「local宣言」したほうが3割ほど動作が速かったため「local」にしています（それでも「60fps」出ていません）。

　高速化のアイデアなどありましたら、よろしくお願いします。

28 Sierpinski Carpet using Recursion

[作者] Potato Imaginator and Orange Nostalgia サンプル：sierpinski.lua

９個の正方形が「３×３」の配置で描かれ、中心の正方形は大きく描かれます。

そして、それら個々の正方形に対して、同じプロセスが再帰的に適用されて描かれます。

● プログラムの説明

これは「シェルピンスキーのカーペット」と呼ばれる「平面フラクタル」の模様を描く再帰適用アルゴリズムのプログラムです。

29 パレットアニメーション

[作者] 魚鈎　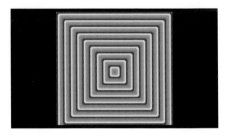サンプル：PaletteAnimation.lua

「0〜15」の番号が割り振られてそれぞれの色は「スプライト・エディタ」の「パレット編集モード」で編集でき、この情報は「カートリッジ・ファイル」(.tic) に保存されます。

「パレット・データ」はプログラム実行時は「TIC-80」の RAM (仮想メモリ) の「0x03FC0」番地から順番に保持されています。

色番号一つに対し、「RGB」がそれぞれ「1byte」ずつ（計 3byte=24bit）、16 色あるので「48byte」です。

> ※ 巻末付録の「メモリマップ」を見てください（コンソールで「ram」コマンドでも確認可能）。

```
>ram

        80K RAM LAYOUT
  ADDR  | INFO         | SIZE
  00000 | SCREEN       | 16320
  03FC0 | PALETTE      | 48
  03FF0 | PALETTE MAP  | 8
  03FF8 | BORDER       | 1
```

「PALETTE」の下の「PALETTE MAP」とは何でしょうか。

これは「スプライト・エディタ」で指定した色が、どの色で表示されるかの割り当てを保持しているものです。

「色番号」と「色 id」があって、その対応関係が「パレット・マップ」に記録してあって「スプライト・エディタ」で編集しているのは「色 id」と考えると分かりやすいでしょうか。

「cls 命令」や「print 命令」などで指定するのは色番号です（「パレット・マップ」を変更しても色に変化はありません）。

　通常は、「パレット・マップ」には「0〜15」の値が順番に並べられているので、「色id」はそのまま「色番号」です。

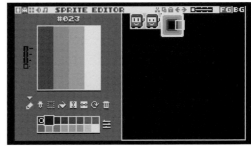

ドット絵 (Sprite Editor)

　「パレット・マップ」のデータ（「色id」と「色番号」の割り当て）を書き換えると同じスプライトパターンを異なる色で描画できます。

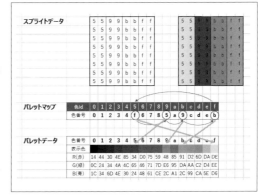

　この、「パレット・パターン」の書き換えを連続的に行ない、一つのスプライトパターンであたかも動いているように見せるのが「パレット・アニメーション」と呼ばれる技法です。

　このプログラムでは、「スプライト・データ」や「マップ・データ」は固定のままで、「パレット・マップ」を4色ぶん（計2バイト）のみ書き換えてワープのような動きを見せるプログラムです。

　「パレット・マップ」は1色につき「4bit(0〜15)」で格納されているため、データの書き換えには「poke4命令」を使います。（「poke4」は、アドレスの2倍を指定して4bitデータを書き込みます）。

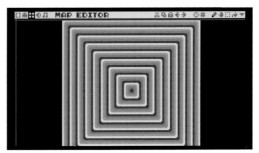

マップデータ (Map Editor)

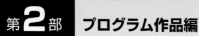

● 変数表 (主なもの)

C1, C2, C3, C4	使用する色 ID（固定）
c1, c2, c3, c4	参照色番号（ローテーション）
ADDR	palette map（パレットマップ）先頭アドレス
t	開始からのフレーム数

● プログラムの説明

1 ～ 4 行	コメント（メタデータ）
6 行	使用色 id 設定
7 行	参照色番号初期設定
8 行	パレットマップ先頭アドレス設定
9 行	経過フレーム初期設定
10 ～ 20 行	TIC function 定義
11 行	経過フレーム +1
12 行	一定フレーム（60 フレーム毎に「8」から「2」まで 1 ずつ減る）経過したら
13 行	4 色をローーテーション
14 行	色 idC1(5) の参照色番号を c1 にセット
15 行	色 idC1(9) の参照色番号を c2 にセット
16 行	色 idC1(11) の参照色番号を c3 にセット
17 行	色 idC1(15) の参照色番号を c4 にセット
19 行	マップ描画

30 ひらがな表示

[作者] 魚鈎 サンプル：kana.lua

「ひらがな」を「ローマ字」っぽい
入力で表示するプログラムです。
　ファミコンっぽく「濁点」「半濁点」
は、上の行に表示します。

「font 命令」用のフォントもレト
ロゲームっぽく描き直しています。

● 使い方

kana(txt,x,y,scale)

txt	表示したい「かな」のローマ字を文字列で指定してください。（一文字の ローマ字のみ対応です。「sya」や「kya」などは対応していません）
x, y	左上の座標です。濁点の関係で、「かな」自体は指定した座標の1行ぶん 下に表示されます。
scale	表示倍率です。正の整数を指定ください。デフォルトは「1」です。

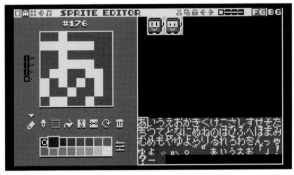

ドット絵（Sprite Editor BG）〜 kana 命令用〜

ドット絵（Sprite Editor BG）〜 font 命令用〜

● 変数表 (主なもの)

グローバル変数

t	経過フレーム
x, y	TIC くんの座標
KANA	かな用テーブル
kana	かな表示命令

kana 内ローカル変数

txt	かな指定用ローマ字文字列
x, y	かな表示左上座標
s	表示倍率
o	先頭ひらがな「あ」のスプライト番号
i	現在の txt 内処理中先頭順番号
j	現在の txt 内処理中最後尾順番号（txt 内の i 〜 j 文字目を処理中）
n	かなの文字順番号

● プログラムの説明

1〜19行	TIC-80 サンプルプログラム（最初から読み込まれているプログラム）と同じ
20行	「font 命令」での文字列表示
21行	「kana 命令」での文字列表示（倍率 2 倍）
22〜23行	「kana 命令」での文字列表示
24行	経過フレーム +1
27〜49行	かな用テーブル定義
27行	先頭の「あ」のスプライト番号設定
28〜48行	かな対応フィールド設定（key：対応ローマ字、value:{文字相対スプライト番号 [, 濁点半濁点相対スプライト番号]}）
50〜66行	kana 命令定義
51行	座標と倍率の設定（未指定ならデフォルト設定）
52行	先頭文字（あ）スプライト番号設定
53行	処理中文字順番号と表示かな文字順番号初期設定
54行	ローマ字の最後の文字までループ処理
55行	ローマ字の i 番目から j 番目までを切り出す
56行	切り出した文字をキーに変換テーブルを検索
57行	該当の文字（スプライト番号が格納されたテーブル）が存在したら
58行	一つ目の文字を表示
59〜60行	二つ目（濁点や半濁点）が存在すれば表示
61行	次のローマ字に移動し、ひらがな表示文字数を「+1」する
62行	該当文字が存在しなかったら
63行	「j」を「+1」する
64行	「j-i」が「2」を超えたら（処理中のローマ字が 3 文字を超えたら）
65行	次のローマ字に移動

31 MAKEMAZE

[作者] 魚鈎 サンプル：makemaze.lua

「コルーチン」の習作です。一般的な迷路生成方法である「棒倒し法」での過程を表示します。

また「remap」（「map 命令」に与える表示タイル差し替え関数）利用により、マップデータをそれっぽく表示する機能を実現します。

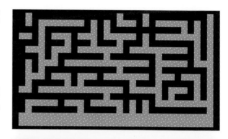

こういう「0：壁」「1：通路」といった迷路を、以下のように表示を差し替える処理です。

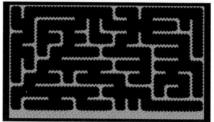

● 操作方法

「z」キー	「通常表示」と「ディグダグ風タイル表示」の切り替え

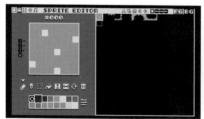

ドット絵 (Sprite Editor)

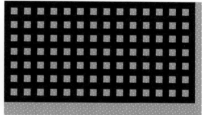

マップデータ (Map Editor)

● プログラムの説明

1〜4行	コメント（メタデータ）
6行	「ランダム関数」と「コルーチン再開関数」の簡略表記設定
8行	壁のタイル番号設定

9行	穴（通路）のタイル番号設定
10行	速度（表示フレーム間隔）設定
12行	方向番号設定（上：1、下：2、左：3、右：4）
13〜14行	方向番号に対する横縦方向の相対値設定
15〜16行	（エリア番号に対する）チェックする方向を設定
17〜22行	タイル番号テーブル設定（[タイル種別][エリア番号][接続状態番号]でタイル番号を返すテーブル）
24〜27行	位置 x, y のマップデータと、方向番号 d の先の位置のデータが同じなら 0、異なるなら 1 を返す関数
29〜36行	remap 関数定義
30行	ブロック内の位置を表わす番号（エリア番号）設定
31行	エリア番号 1 の位置
32行	ブロックの種類（0：壁、1：穴（通路））
33行	チェック方向 1（縦方向）、方向 2（横方向）
34〜35行	AT4 テーブルに「代表タイル種」「エリア番号」「タイプ番号」を指定して差し替え後のタイル番号を返す
38〜59行	迷路生成コルーチン呼び出し関数を定義
40〜56行	柱位置ループ
43行	1 ループごとに制御を呼び出し元（TIC function）に戻す（coroutine.yield）
44〜54行	柱倒しループ
45行	一番上では上を含めた 4 方向からランダム、それ以外では下左右からランダムの方向を指定
48〜51行	指定の方向の先のマップデータが「穴」なら「壁」に設定してループ脱出
53行	そうでなければ一旦呼び出し元に制御を戻す
57行	すべての柱に対しての処理が終了したら「true」を返す
61行	経過フレーム初期化「t」を「0」に設定
62行	表示差し替えフラグを「false」
63行	終了フラグを「false」

65〜73行	メインルーチン（TIC function）定義
66行	SPD フレームごとに終了フラグが立っていなかったら
67行	迷路生成コルーチン関数を呼び出し。結果を終了フラグに設定（「ture」が返ってきたら終了フラグが立つ）
68行	マップ命令実行。差し替えフラグが「true」なら「remap 関数」に「rm_zun4」を指定する。
69行	カーソルスプライト表示
71行	A ボタン（Z キー）が押されたら、マップ表示差し替えフラグを反転
72行	経過フレームを +1

[制作者コメント]

● コルーチン

　マップの生成過程の表示に「コルーチン」を用いています。
　「コルーチン」とは、雑に説明すると、「一時停止」「再開」が可能な関数です。

*

　通常の関数は、一度呼び出すと最後まで処理するか、「return 文」まで処理を行なってから呼び出し元に制御が戻ります。
　次に呼び出すと、また最初からの処理になります。

　「コルーチン」では、「coroutine.yield( )」で処理を中断して、呼び出し元に制御を戻します。
　再度、同じ「コルーチン」が呼び出された場合は、その続きから処理を続行します。
　「複数のループ」や「条件分岐」「無限ループ」など複雑な処理でも、処理をメインループに戻しつつ処理を続行できるのが、「コルーチン」の強みでしょうか。

　「コルーチン」は、
・「coroutine.create」で「thread」を生成
・「coroutine.resume(thread)」で開始・再開
の他、

・「coroutine.wrap`」でラップ関数を生成して、利用する方法

があります。このプログラムでは後者を利用しています。

　「ラップ関数」は、通常の関数と同様に呼び出して使って、関数内の「coroutine.yield()」で制御が呼び出し元に返ります。
　「引数」や「戻り値」を設定すること可能です（このプログラムでは戻り値などは未使用）。

> ※ 詳しくは「Lua5.3」のリファレンスなどを参照してください。

● マップ表示差し替え
　まずは「2×2」の領域に分割して考えます。

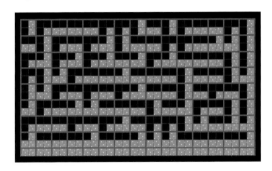

　その領域が「壁」であるか、「穴」（通路）であるかは左上のデータ。
　その上下左右に境界が「壁」であるかの情報が配置されていると解釈します。

　一つ目は「上下右」が「壁」である穴、二つ目は「下左」が「壁」である穴なので、次のように差し替え。

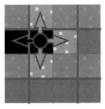
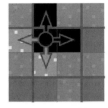
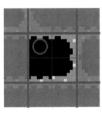
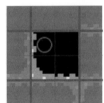

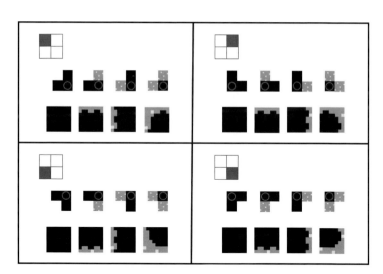

　個別タイルの対応表（領域データが穴の場合）は図の通りです。
（プログラムでの **19〜20行目**に当たります）。

32　レインボー

[作者] 魚鈎　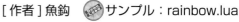サンプル：rainbow.lua

「スペースインベーダー」というゲームはご存知でしょうか？
プレイしたことはなくても知っているという方は多いでしょう。
「レインボー」というバグ技 (製作者が想定していない挙動) があります。
「10 点タコ」(OCTOPUS) を最後に残すと残像を残しながら移動するというものです。

このプログラムでは、「TIC-80」のサンプルプログラム (最初から読み込まれているもの) を少し改造してこのレインボーを再現するものです。

● 操作方法

移動	「カーソル・キー」（方向ボタン）
表示キャラ切り替え	Z キー （A ボタン）

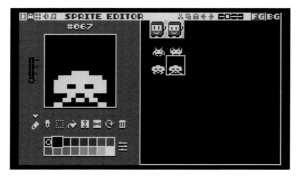

ドット絵 (Sprite Editor)

● 変数表 (主なもの)

SCL	移動単位や表示の倍率（スケール）
t	キャラパターン用数値
x	キャラの x 座標
y	キャラの y 座標
c	キャラ番号（1：カニ、2：タコ）

● プログラムの説明

1〜4行	コメント（メタデータ）
6行	表示倍率（SCL）設定
8〜11行	画面クリア
15〜25行	TIC 関数（メインルーチン）定義
17〜20行	ボタン入力をチェックしてキャラの座標とパターン番号処理
21行	キャラ変更処理
23行	キャラ表示処理
24行	メッセージ表示処理

[制作者コメント]

　見ての通り、基本的な処理はサンプルプログラムとほぼ変わりません。
　最大の違いは、TIC 内の「cls(13)」をコメントアウトして無効化したことです。
　そして「spr 命令」では透明色に「-1」を指定、つまり「透明なし」で「16x16」のエリアを上書きしています。

　キャラの移動は、移動ドットぶんズラして上書き、という処理になります。
　タコのキャラの余白が「2 ドット」ぶんしかないため、「3 ドット」移動させると、余白で上書きできない部分が残ってしまい、残像のように見えるわけです。
　最高速でも左に移動時は「2 ドット」なので残像は残りません。

カニは左の余白は「3ドット」あるため、大丈夫です。

原作のプログラムを解析したわけではないので、実際は違うかもしれませんが、こんな感じだったのではないでしょうか。

・レインボー即死バグ考察

「Wikipedia のスペースインベーダーのレインボーの項目」には、以下のような記述があります。

> レインボー状態になってから、インベーダーが右端に2回移動してしまうと、突然インベーダーが、一番下まで降りてしまい、占領されてゲームオーバーになってしまう。

検索すると動画もいくつか見つかると思います。

この原因を、以下のように推測してみました。

・指定された範囲外（端）に出ると一段下がり進行
　方向を逆転する
・レインボー時、右移動は3ドット、左移動は2ドット

これにより、レインボー時には反転し2ドット戻ってもまだ指定範囲外と判定され、さらに1段下がって方向転換していたのではないか？ということです。

図に表わすと、右のようになります。

「2回移動してしまうと」の記述から、

> 1回目に右端に到達した際にはこの状態にならず（たとえば1ドットオーバーなら2ドット戻ると範囲内なので）、2回目にこの状態に陥ってしまうのではないか

という推察です。

実際のところは分かりませんが、いろいろな動作（バグ含む）に対して想いを巡らせるのも楽しいかもしれません。

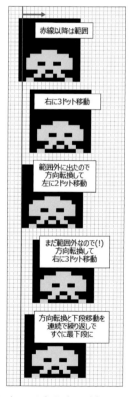

赤線以降は範囲

右に3ドット移動

範囲外に出たので
方向転換して
左に2ドット移動

まだ範囲外なので(!)
方向転換して
右に3ドット移動

方向転換と下段移動を
連続で繰り返して
すぐに最下段に

33　　　　お習字プログラム

[作者] 魚鈎　サンプル：osyuuji.lua

簡単「お習字」プログラムです。

● 操作方法

マウスで「線」(円) を描きます。

マウス左ボタンとクリックし続けると線が太くなります。

左ボタンを離すと線が細くなります。

[Z] キー	画面クリア
[X] キー	描画色変更

● 変数表 (主なもの)

B	背景色番号
f	描画色番号
r	円の半径
x, y	マウス x 座標、y 座標
l	左ボタン押下状態 (true, false)

● プログラムの説明

1〜4行	タイトルや作者など書いたコメント行 (メタデータ)
6行	変数初期化
9〜16行	TIC function 定義
10行	「mouse 命令」で座標と左ボタン状況を取得
11行	[z] キーが押されたら「背景色」で画面をクリア
12行	[x] キーが押されたら「描画色」を変更（0 〜 15 を繰り返す）
13行	マウス左ボタンが押されていたら「0.1」を、そうでなければ「-0.2」を描画円半径に加える
14行	描画円半径が正数なら「circ 命令」で円を描画
15行	そうでなければ描画半径を「0」に設定する（どんどんマイナスになってしまうので）

[制作者コメント]

傑作が書けたら [F8] キーで保存しよう！

34　ラインドローツール

[作者] Kikeroga　サンプル：linegrp.lua

マウスで画面上をクリックして線を引き、絵を描けるツールです。色は塗れません。点と点をラインをつないで描いていく線画です。

● **操作方法**

画面上をマウスでクリックすると線を描きます。

[Z]キー	アンドゥ(一つ前に戻る)
[X]キー	ライン開始点の再セット
[A]キー	画面クリア
[S]キー	データ保存

　描いた絵のデータは「.local」フォルダ配下に「pmem ファイル」として保存されます。

　「.local」フォルダは「tic ファイル」の保存先と同じパスにあります。

[例]

```
C:¥Users¥<username>¥AppData¥Roaming¥com.nesbox.tic¥TIC-80
```

　「pmem ファイル」は、自動生成された乱雑なファイル名(たとえば「6e040ed1fa11e4090a14900670a9bdc7」みたいな名前)で作られるので、それが目的のファイルなのかどうかは、保存日時(ファイルのタイムスタンプ)で判定します。

　このファイルをコンソールから「import」コマンドでマップエリアに読み込みます。

```
import map
```

その後、「RUN」コマンドを実行すれば絵が表示され、続きから描くこともできます。

● 変数表 (主なもの)

adr	マップエリアのメモリアドレス
n	表示する絵の番号
bg	描画色
fg	背景色
p	座標データを「pmem」に格納するためのテーブル変数
sta	描画時の始点開始フラグ

● プログラムの説明

1 ～ 4 行	コメント文 (メタデータ)
6 ～ 8 行	初期変数の宣言
10 ～ 23 行	「draw 関数」定義 (ライン描画処理)。座標データを順次読み込み、ラインで絵を描画する
25 ～ 31 行	「save 関数」定義 (描画中の絵を pmem に格納)
33 ～ 43 行	「lset 関数」定義。現在の始点または終点の座標からラインを描画する
45 行	「draw 関数」呼び出し
46 ～ 63 行	メインループ (1 秒間に 60 回呼び出される)
47 ～ 48 行	マウスクリックした座標に対し変数「sta」の値により、そこを始点またはライン描画する
49 ～ 53 行	[Z] キーを押すとデータの位置を一つ前に戻す (アンドゥ)
54 ～ 56 行	[X] キーを押すと開始点の再配置
57 ～ 59 行	[A] キーを押すと描画中の全データをクリア
60 ～ 62 行	[S] キーを押すと「save 関数」呼び出してデータ保存

[制作者コメント]

このツールで描いたデータを後述の「ラインドロー」プログラムで表示できます。

第 2 部　プログラム作品編

35 ラインドロー

[作者] Kikeroga　サンプル：linedraw.lua

「ラインドローツール」で描いた絵を表示するプログラムです。

● 操作方法

表示するデータは、コンソールから「import」コマンドでマップエリアに読み込みます。

連結されたデータ (※) のファイルを読み込むと「カーソル・キー」で絵を遷移できます。

> ※ 絵のデータを連結するには「lgpsum」というツールを使います。
> 　工学社ホームページのサポート情報から本書のサンプルプログラムをダウンロードすると同梱されています。

「2D ドットゲーム・クックブック」サポート情報

http//www.kohgakusha.co.jp/support/2d-cook/index.html

● 変数表 (主なもの)

adr	マップエリアのメモリアドレス
n	表示する絵の番号
bg	描画色
fg	背景色

● プログラムの説明

1 〜 4 行	コメント文 (メタデータ)
6 行	初期変数の宣言
8 〜 32 行	draw 関数定義 (ライン描画処理)
10 〜 17 行	結合データの場合にヘッダを検索

134

18～31行	ヘッダから順次座標データを読み込み、絵を描画
34～40行	メインループ（1秒間に60回呼び出される）
35～38行	「カーソル・キー」で絵の番号を変更する
39行	絵の番号が変更されたら絵を表示する

[制作者コメント]

　この方法（ラインドロー）で絵を描くとマップエリアの容量に100枚くらいの絵が格納できると思います。

　「TIC-80」で、味わい深い"カリグラフィー"な線画の長編大作アドベンチャーを制作することも可能でしょう。「ラップ・スキャン」という技に覚えのある貴方、ぜひチャレンジしてみませんか？

・lgpsum (Line Graphics Sums) について

　ラインドローツールで描き、保存したいくつかのデータ（pmemファイル）を一つに統合するツールです。

[1] 結合したい「pmemファイル」を「lgpsum.exe」と同じパスにコピーします（ファイル名は任意の名前に変更してかまいません）。
[2] 「lgpsum.ini」に、統合したいファイル名を羅列して記述します。
[3] 「lgpsum.exe」を実行すると、「lgpsum.map」という連結データファイルが生成されます。
[4] この「lgpsum.map」をコンソールコマンド「import map」でマップエリアに読み込んで利用します。

・「ラインドロー」で表示確認するには

　「TIC-80」で「linedraw.tic」をLOADした後でコンソールコマンド「import map」で「lgpsum.map」をマップエリアに読み込み、RUNコマンドで実行します。

[参考]

以下はツール「lgpsum」のソースリスト、言語は「HSP」(HotSoupProcessor) です。少々残念ですが外部ファイルの結合を「TIC-80」で作るのはむずかしかったです。巧いやり方があったら教えてください(^^;

"lgpsum.hsp"

```
infnm="lgpsum.ini"
svfnm="lgpsum.map"
sdim ini,1024:sdim lns,256
notesel ini :noteload infnm
sz=240*136
sdim map,sz:memset map,0,sz :sdim mem,1024
; Load file and concatenate data
pos 0,16
repeat notemax
  noteget lns,cnt :bload lns,mem :gosub *zero2one
  gosub *zero_srch :memcpy map,mem,1024,n
  mes "LOAD FILE:"+lns+" ENTRY:"+n
loop
gosub *zero_srch :bsave svfnm,map,n+1
pos 0,0 :mes "SAVE FILE:"+svfnm+" SIZE:"+(n+1)
stop
*zero_srch
  repeat sz
    if peek(map,cnt)=0 :n=cnt:break
  loop
  return
*zero2one
  repeat 1024
    p=peek(mem,cnt) :if p=250 :break
    if p=0 :poke mem,cnt,1
  loop
  return
```

"lgpsum.ini"

```
lgp000
lgp001
lgp002
```

36 キーディスプレイ

[作者] 魚鈎　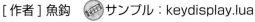サンプル：keydisplay.lua

　最近（？）の格闘ゲームなどでよくある「レバーやボタンの入力履歴を確認する」プログラムです。

　「キーボード」や「ジョイパッド 1」で入力した履歴が左に表示されます。

　環境やハードウェアによって、同時に検出できる入力が制限される場合があります。

（[例] USB キーボードで「4 入力」「6 入力」、ジョイパッドだと「8 入力」すべてなど）。

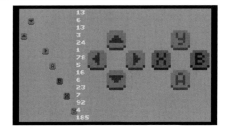

● 操作方法

　説明中、「ボタン入力状態値」と呼んでいるのは、「btn( )」や「peek」（「0FF80」から「0FF83」）で取得できる数値です。

　「YXBA 右左下上」の入力状態を 2 進数の数値（「OFF」を「0」、「ON」を「1」）とみなした「0 ～ 255」の値（10 進数）です。

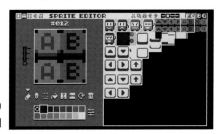

ドット絵 (Sprite Editor)
「onfig.tic」の素材を使用

● 変数表 (主なもの)

OXY	ボタン表示の相対位置（方向）（{0, -1} は Y ボタンが上に配置されていることを表わしている）
btndsp	(画面右の) 現フレームでの入力状態表示関数
keydispfun	「履歴表示関数」を作る関数
kdPlr1	上記の関数を呼び出して設定した 1PLAYER 用ボタン入力履歴表示関数

● プログラムの説明

1〜4行	メタデータ
6〜9行	「ボタン番号」（+1）と「相対位置」の割り当て（xキーbtn(4)は画面上では下に表示）
11〜16行	現ボタン状態表示ルーチン定義（画面右側に表示）
18〜42行	「先頭スプライト番号」「履歴表示x座標」「同y座標」「履歴数」「配置間隔」を指定して呼び出すと、「履歴表示関数」（引数ボタン入力状態bit列）を返す「keydispfun」を定義
19行	「ボタン入力履歴表示」の左上の座標を引数より設定、デフォルトは「0, 0」
20行	「履歴表示行数」を引数より設定、デフォルトは「17」
21行	「配置（表示）間隔」を引数より設定、デフォルトは「8」
22〜28行	履歴を保持するテーブルの初期設定：{0, 0}は、入力状態値「0」、入力フレーム数「0」
23〜28行	履歴表示メソッド「draw定義」。引数はこのテーブル自体を想定
24行	履歴リストを「1」から順に走査（「n」は履歴番号、「v」はボタン入力状態値）
25行	（相対）ボタン番号「0〜7」まで
26行	ボタン入力状態値からボタン番号に対応する「bit」が立っていたら（「2のi乗」とのビット積が正なら）
27行	対応するボタンのスプライトを指定の間隔で表示
28行	フレーム数表示
29行	前フレーム入力状態値「bef」、現フレーム入力状態値「cur」の初期設定（0）
30〜41行	返す（生成する）履歴表示関数定義（引数はキー入力状態値）
31行	現入力状態値に引数を設定
32〜33行	入力が前フレームと同じなら最終入力のフレーム数を+1
34〜35行	（前フレームと）違うなら入力履歴に{現入力状態値, 1}を追加
36〜37行	「表示履歴数設定値」を超えていたら、1番古い履歴を消去
39行	「履歴表示メソッド」呼び出し
40行	前フレーム入力状態値に現フレーム入力状態値を設定

45 行	「ボタンスプライト先頭番号：8」「表示座標 (2, 2)」「履歴数 15」「表示間隔 9」を指定して「keydispfun」を呼び出して kdPlr1 (KeyDispPlayer1) にセット
46 行	コメント（先頭番号「8」、残りはデフォルトの「kdPlr2」をセット）
48 ～ 53 行	TIC ルーチン定義
49 行	色番号「13」で画面クリア
50 行	「kdPlr1」を「btn( )」の戻り値（キーボードやゲームパッド 1 のボタン入力状態値）を引数として呼ぶ
51 行	「kdPlr2」を「peek(0x0FF80 + 1)」の戻り値（2 個目のゲームパッドのボタン入力状態値）を引数として呼ぶ
52 行	現ボタン入力状態表示処理を呼ぶ

[制作者コメント]

45 行目、50 行目をコメントアウトして、46 行目、51 行目のコメントを外せば、（ゲームパッドを 2 つ接続した状態で）2 番目のゲームパッドの入力履歴が表示されると思います（未確認）。

37 ポーズデータ作成支援ツール

[作者] Kikeroga サンプル：posemake.lua

　6個のパーツを選んで組み合わせてケンカ・ガール用のポーズデータを作るお手伝いをするツールです。

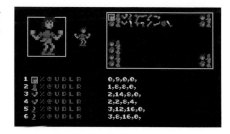

● **操作方法**

　画面上の「アイコン」と「記号」をマウスでクリックして操作します。

%	パーツを反転
@	パーツを回転
U	パーツを上に移動
D	パーツを下に移動
L	パーツを左に移動
R	パーツを右に移動

　ポーズが出来たら、右下に表示されている数列をメモします。

　それを「ケンカ・ガール」の変数「pose」に設定します。

　後で「技アニメ」を設定するときに必要となる「当たり判定」用パーツの行番号 (1 ～ 6) もついでにメモっておきましょう。

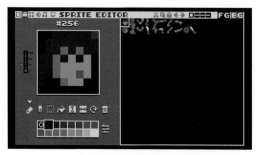

ドット絵 (Sprite Editor)　FG

　使うパーツ画像をあらかじめ「import sprites」コマンドで読み込んでください。

● 変数表（主なもの）

PTX, PTY	「パーツ素材表示」開始座標（定数として使用）
PNX, PNY	「操作パネル表示」開始座標（定数として使用）
ps	ポーズデータ
bt	操作ボタン表示用
ni, nx, ny	パーツ素材のフォーカス（現在位置）
cx, ci	操作パネルのフォーカス（現在位置）
tm	処理速度調整用

● プログラムの説明

1～4行	コメント文（メタデータ）
6～9行	初期変数設定
11～20行	draw_pane 関数定義（操作パネル表示処理）
22～27行	draw_parts 関数定義（パーツ素材表示処理）
29～33行	draw_pose 関数定義（ポーズ表示処理）
35～40行	limit 関数定義（値の範囲をトリムする）
42～74行	メインループ（1秒間に60回呼び出される）
43行	マウス入力値取得
44～45行	処理速度調整
46～51行	画面表示
52～70行	画面クリック位置によって各種処理を行なう
54～58行	パーツ素材の選択処理
59～69行	操作パネルの選択処理
71～73行	ポーズデータ（数列）表示

[制作者コメント]

　外部にテキスト出力できないので、右下に表示される数列（ポーズデータ）をメモして利用してください。あくまで「TIC-80」で動く支援ツールです。

巻末附録

TIC-80 仕様一覧

グラフィック表示	240 × 136 ピクセル、16色パレット
入力デバイス	8ボタンゲームパッド (4つまで) ／マウス／キーボード
スプライト	8 × 8 ピクセルを1つとして512個まで。
マップデータ	240 × 136 セル (1セルが 8 × 8 ピクセルのスプライト)
サウンド	4チャンネル (編集可能な波形エンベロープ)
プログラムコード	64KB(65536 文字まで)

メモリマップ

TIC-80 は 80KB のメモリ空間をもっており、以下の通り領域管理されています。

80K RAM LAYOUT			
ADDR	INFO	SIZE	説 明
00000	SCREEN	16320	240 × 136 = 32640　4 ビットピクセル
03FC0	PALETTE	48	16 × 24 ビット RGB カラー値
03FF0	PALETTE MAP	8	16 × 4 ビット カラー インデックス
03FF8	BORDER COLOR	1	4 ビット カラー値
03FF9	SCREEN OFFSET	2	水平 / 垂直 スクリーンオフセット [−127...+127]
03FFB	MOUSE CURSOR	1	FG タイルセットのマウスカーソルインデックス (0 の場合はシステムカーソル)
03FFC	...	4	
04000	BG SPRITES	8192	256個 8 x 8 ドット 4 ビット色 BG スプライト (0 から 255)
06000	FG SPRITES (TILES)	8192	256個 8 x 8 ドット 4 ビット色 FG スプライト (256 から 511)
08000	MAP	32640	240 x 136 セルのマップデータ
0FF80	GAMEPADS	4	4つまでのゲームパッドの状態
0FF84	MOUSE	4	マウスの状態 (X,Y, ボタン)

0FF88	KEYBOARD	4	キーボードの状態、押されたキーコード
0FF8C	...	16	
0FF9C	SOUND REGISTERS	72	18 バイト x 4 チャンネル
0FFE4	WAVEFORMS	256	16 波形、各 32 × 4 ビット値
1000000	SFX	4224	64 x 30 サンプリング
11164	MUSIC PATTERNS	11520	60 x 64 行
13E64	MUSIC TRACKS	408	8 x 16 パターン x 4 チャンネル
13FFC	MUSIC POS	4	...
14000	...	0	

ホットキー

ESC	コンソール／エディタ間の切り替え
F1/ALT+1	「コード・エディタ」を開く
F2/ALT+2	スプライトエディタを開く
F3/ALT+3	マップエディタを開く
F4/ALT+4	SFX エディタを開く
F5/ALT+5	「ミュージック・エディタ」を開く
CTRL+PGUP/PGDOWN	各エディタへの前後移動
F6	ブラウン管風の画面表示に切り替える (オン／オフ)
F7	画面ショットをカートリッジイメージとして保存する
F8	GIF 画像ファイルとして画面ショットを保存する
F9	GIF 動画録画の開始／停止および保存
F11/ALT+ENTER	フルスクリーン／ウィンドウ画面切り替え
CTRL+R	現在のプログラムを実行する
CTRL+X/C/V	エディタ上のカット／コピー／貼り付け
CTRL+S	現在のカートリッジを保存
SHIFT	マップエディタ上でスプライトの BG エリアを表示する
CTRL+Z/Y	元に戻す (UNDO) ／やり直し (REDO)
CTRL+F	「コード・エディタ」上で文字検索する
CTRL+G	「コード・エディタ」上で指定行へ移動する
CTRL+O	「コード・エディタ」上で関数行へ移動する
SHIFT+ENTER	「ミュージック・エディタ」上でカーソル位置から曲を再生する

コンソールコマンド

help	使用可能コマンドを一覧表示する。
ram	80K RAM レイアウト (メモリマップ) を表示する。
exit	「TIC-80」を終了する。
edit	画面をコードエディタに切り替える。
new [lua | moon | js]	新しい「Hello World」カートリッジを作成する。
load <cart> [sprites | map | cover | code | sfx | music | palette]	カートリッジファイルを読み込みます。拡張子は付けても付けなくても大丈夫。また、データの一部 (スプライト、マップ等) のみを読み込むことも可能です。
save <cart>	作成中のゲームをカートリッジファイルとして保存する。
run	現在のプログラムを実行する。
resume	最後に実行されたプログラムを再開する。
dir	現在のディレクトリにあるファイル一覧を表示する (ls でも可)。
cd	ディレクトリを移動する。
mkdir	ディレクトリを作成する。
folder	カートリッジ保存先のディレクトリをエクスプローラで開く。
add	「TIC-80」にカートリッジファイルを追加する。
del <file>	指定したファイルを削除する。
get <file>	指定したファイルをローカル PC に保存する。
export [html | native | sprites | cover | map]	読み込んであるカートリッジから実行可能な HTML 形式 (html) や対象 OS の実行形式 (native) で保存、スプライト (sprites) や画面ショット (cover) を GIF 画像として保存、マップをバイナリデータとして保存する。
import [sprites | cover | map]	「export」コマンドで出力したデータをインポートする。
cls	画面をクリアする。
demo	デモ用カートリッジをインストールする。
version	「TIC-80」のバージョンを表示する。
config [save | default]	現在のカートリッジ設定をコードエディタから編集する。
surf	カートリッジブラウザを開く。

TIC-80 命令表

「TIC-80」では、独自の API とプログラム言語「Lua」の文法を組み合わせてプログラミングできます。

*

以下は、「TIC-80」の API 一覧です。

・TIC( )

毎秒 60 回自動で呼び出されるコールバック関数。

「TIC-80」の「ゲーム・ループ処理」の中心になる必須の関数です。

```
function TIC()
    -- ここに任意の処理を記述
end
```

・SCN( )

グラフィック描画 1 ラインごとに呼び出される関数。

パラメータには、描画時のライン位置が入ります。

```
function SCN(line)
    -- ここに任意の処理を記述
end
```

・OVR( )

フレーム単位で呼び出される関数。

「SCN 関数」で変更したパレットの影響を受けません。

```
function OVR()
    -- ここに任意の処理を記述
end
```

・clip([x, y, w, h])

画面の描画領域を制限する。

パラメータなしで実行すると、描画領域がリセットされる。

・cls([color])
　画面全体をクリアする。

・circ(x, y, radius, color)
　「塗りつぶした円」を描く。

・circb(x, y, radius, color)
　「塗りつぶさない円」を描く。

・btn([id: 0..5 8..13]) -> state
　現在の「ゲームパッド・ボタン」の状態を取得。
　押されていれば「true」、押されていなければ「false」が取得される。

・btnp([id: 0..5 8..13, [hold period]]) -> state
　現在の「ゲームパッド・ボタン」の状態を取得。
　ただし、押された瞬間だけを検知する。

Keyboad	Gamepad	Player-1 ID	Player-2 ID	Player-3 ID	Player-4 ID
↑	↑	0	8	16	24
↓	↓	1	9	17	25
←	←	2	10	18	26
→	→	3	11	19	27
Z	A	4	12	20	28
X	B	5	13	21	29
A	X	6	14	22	30
S	Y	7	15	23	31

・exit( )
　プログラムを中断して「コンソール」に戻る。

・font(text, x, y, colorkey, char_width, char_height, fixed, scale)
 -> width
　「スプライト」の「FGエリア」に定義されたフォントで、文字列を表示
する。

· line(x0, y0, x1, y1, color)
　指定色で座標2点間に「直線」を描く。

· map([x=0, y=0], [w=30, h=17], [sx=0, sy=0], [colorkey=−1], [scale=1], [remap=nil])
　画面に「マップ」を描画する。

· memcpy(toaddr, fromaddr, len)
　RAM上のデータを「コピー元」から「コピー先」のアドレスへ、指定バイト数ぶんだけコピーする。

· memset(addr, val, len)
　指定バイト数ぶんだけ指定アドレスに「バイト値」を書き込む。

· mget(x, y) -> id
　マップ座標からそこにセットされている「スプライト番号」を取得する。

· mouse() -> x, y, state
　現在のマウスの「X,Y座標」および「ボタンの状態」を取得。
　押されていれば「true」、押されていなければ「false」が取得される。

· mset(x, y, id)
　「マップ・データ」の指定座標に「スプライト番号」をセットする。

· key(keycode)
　現在の「キーボード・ボタンの状態」を取得する。
　押されていれば「true」、押されていなければ「false」が取得される。

· keyp(keycode)
　現在の「キーボード・ボタンの状態」を取得。
　ただし、押された瞬間だけを検知する。

Keyboad		
01 = A	27 = 0	50 = RETURN
02 = B	28 = 1	51 = BACKSPACE
03 = C	29 = 2	52 = DELETE
04 = D	30 = 3	53 = INSERT
05 = E	31 = 4	
06 = F	32 = 5	54 = PAGEUP
07 = G	33 = 6	55 = PAGEDOWN
08 = H	34 = 7	56 = HOME
09 = I	35 = 8	57 = END
10 = J	36 = 9	58 = UP
11 = K		59 = DOWN
12 = L	37 = MINUS	60 = LEFT
13 = M	38 = EQUALS	61 = RIGHT
14 = N	39 = LEFTBRACKET	
15 = O	40 = RIGHTBRACKET	62 = CAPSLOCK
16 = P	41 = BACKSLASH	63 = CTRL
17 = Q	42 = SEMICOLON	64 = SHIFT
18 = R	43 = APOSTROPHE	65 = ALT
19 = S	44 = GRAVE	
20 = T	45 = COMMA	
21 = U	46 = PERIOD	
22 = V	47 = SLASH	
23 = W		
24 = X	48 = SPACE	
25 = Y	49 = TAB	
26 = Z		

· music([track=−1], [frame=−1], [row=−1], [loop=true])
指定トラック番号の音楽を再生する。

· peek(addr) -> val
RAM から「1 バイト」読み込む。

· peek4(addr4) -> val4
RAM から「半バイト」(4 ビットぶん) の値を読み込む。
指定するアドレスは「peek 命令」の倍の値となる点に注意。

· poke(addr, val)
RAM に「1 バイト」書き込む。

· poke4(addr4, val)
RAM に「半バイト」(4 ビットぶん) の値を書き込む。
指定するアドレスは「poke 命令」の倍の値となる点に注意。

・pix(x, y, [color]) -> color
　指定色で画面上に「点」（ドット）を描く。
　または画面上の1点から色を取得する。

・pmem(index:0..6, [val]) -> val
　値をスロットメモリに保存、または読み出します。
　プログラム終了後も「ハイスコア・データ」などを残すことができる永続
メモリ領域を読み書きする。

・print(text, [x=0, y=0], [color=15], [fixed=false], [scale=1]) ->
width
　「文字列」を表示する。

・rect(x, y, w, h, color)
　塗りつぶした「矩形」（四角形）を描画する。

・rectb(x, y, w, h, color)
　塗りつぶさない「矩形」（四角形）を描画する。

・reset( )
　カートリッジの実行をリセットして「初期状態」に戻す。

・sfx(id, [note], [duration=−1], [channel=0], [volume=15],
[speed=0])
　指定番号の「効果音」を再生する。

・spr(id, x, y, [colorkey=−1], [scale=1], [flip=0], [rotate=0],
[w=1, h=1])
　指定番号の「スプライト」を表示。「拡大」「回転」「反転」などの指定も
可能です。

・sync([toCart=true])
　実行中に変更された「スプライト」や「マップ・データ」を、カートリッジ
に同期（コピー）する。

· time( ) -> ticks

　ゲーム実行開始からの「経過時間」を、「ミリ秒」(1/1000 秒)単位で取得する。

· trace(msg, [color])

　プログラム実行中の「文字表示」を、「コンソール」にも出力する。

· tri(x1, y1, x2, y2, x3, y3, color)

　「塗りつぶされた三角形」を描画する。

· textri(x1, y1, x2, y2, x3, y3, u1, v1, u2, v2, u3, v3,
[use_map=false], [chroma=−1])

　マップに描かれたテクスチャで「塗りつぶされた三角形」を描画する。

Lua 基本文法

● マルチステートメント

複数の「命令文」を、セミコロン「;」で区切ることで1行内に記述可能です。

```
a=8;b=5;c=a+b;print("a+b="..c,0,0)
```

● コメント

ハイフン2つ「--」の後続を「コメント」とします。

複数行の場合は、「--[[」と「]]」で囲まれた範囲を「コメント」とします。

```
-- comment
```

```
--[[
In case of multiple lines,
The part enclosed in square brackets becomes a comment
]]
```

● 制御文

```
if 条件式 then
        処理
elseif 条件式 then
        処理
else
        処理
end
```

```
while 条件式 do
        処理
end
```

```
repeat
        処理
until 条件式
```

```
for 変数 = 開始値 , 終了値 do
        処理
end
```

break

「while」「repeat」「for」命令文の「ループ処理」から脱出します。

goto ラベル名

ラベルへジャンプします。

:: ラベル名 ::

「ラベル名」は、コロン 2 つ「::」で囲んで記述します。

Lua 標準ライブラリ一覧

最後に「Lua」の標準ライブラリの主な機能を、書式付で列挙します。

●【基本機能】

_G	グローバル環境を保持「グローバル変数」（関数ではない）
_VERSION	バージョン文字列を保持「グローバル変数」（関数ではない）
assert(v, [message])	引数「v」が「偽」であれば、「error」を呼ぶ
collectgarbage([opt, [arg]])	ガベージコレクタのさまざまな機能を実行
dofile([filename])	指定された「Lua ファイル」を開き、実行
error(message, [level])	エラーとして終了（この関数は戻りません）
getmetatable(object)	指定されたオブジェクトのメタテーブルを返す
ipairs(t)	「イテレータ関数」「table」「0」の三つ組みを返す
load(chunk, [chunkname, [mode, [env]]])	チャンクをロード
loadfile([filename, [mode, [env]]])	チャンクをファイル「filename」から取得
next(table, [index])	テーブルのすべてのフィールドを巡回
pairs(t)	テーブル「t」のすべてのキーと値のペアを巡回
pcall(f, [arg1, ...])	指定された引数を渡して、関数「f」を「保護モード」で呼ぶ
rawequal(v1, v2)	「v1」と「v2」が等しいかどうか判定し、「ブーリアン」で返す
rawget(table, index)	「table[index]」の値を取得
rawlen(v)	オブジェクト「v」の長さを返す
rawset(table, index, value)	「table[index]」の値を「value」に設定
select(index, ...)	index 番目以降の引数をすべて返す
setmetatable(table, metatable)	指定されたテーブルのメタテーブルを設定
tonumber(e, [base])	引数を「数値」に変換して返す
tostring(v)	引数を「文字列」に変換して返す
type(v)	引数の型を「文字列」として返す
xpcall(f, msgh, [arg1, ...])	新しいメッセージハンドラに「msgh」を設定

●【コルーチン操作】

coroutine.create(f)	関数「f」を本体にもつ新しいコルーチンを作成
coroutine.isyieldable()	実行中のコルーチンが「yield」可能であれば「真」を返す
coroutine.resume(co, [val1, ...])	コルーチン「co」の実行を開始または続行する
coroutine.running()	実行中の「コルーチン」と「ブーリアン」を返す
coroutine.status(co)	コルーチン「co」の状態を文字列で返す
coroutine.wrap(f)	関数「f」を本体にもつ新しいコルーチンを作る
coroutine.yield(...)	呼び出し元のコルーチンの実行を中断する

●【数学関数】

math.abs(x)	「x の絶対値」を返す
math.acos(x)	「x の逆余弦」を（ラジアンで）返す
math.asin(x)	「x の逆正弦」を（ラジアンで）返す
math.atan(y, [x])	「y/x の逆正接」を（ラジアンで）返す
math.ceil(x)	「x」より大きいまたは等しい「最小の整数値」を返す
math.cos(x)	「x（ラジアン）の余弦」を返す
math.deg(x)	「角度 x」を、「ラジアン」から「度」に変換する
math.exp(x)	「e^x」の値を返す（「e」は自然対数の底）
math.floor(x)	「x」より小さいまたは等しい「最大の整数」を返す
math.fmod(x)	「x」を「y」で割った「商」を丸めた「余り」を返す
math.huge	浮動小数点数の最大値「HUGE_VAL」を返す
math.log(x, [base])	指定された「base」を底とする「x の対数」を返す
math.max(x, ...)	「Lua」の演算子 "<" に従って、「最大の値」をもつ引数を返す
math.maxinteger	整数の最大値を返す
math.min(x, ...)	「Lua」の演算子 ">" に従って「最小の値」をもつ引数を返す
math.mininteger	整数の最小値を返す
math.modf(x)	「x の整数部」と「x の小数部」を返す
math.pi	円周率「π」の値
math.rad(x)	角度「x」を「度」から「ラジアン」に変換する

math.random([m, [n]])	浮動小数点数の「擬似乱数」を返す
math.randomseed(x)	「x」を「擬似乱数生成器」の種として設定する
math.sin(x)	「x（ラジアン）の正弦」を返す
math.sqrt(x)	「x の平方根」を返す
math.tan(x)	「x（ラジアン）の正接」を返す
math.tointeger(x)	「x」を「整数」に変換して返す
math.type(x)	「x の数値型」を「文字列」として返す
math.ult(m, n)	符号無しで比較し、「m」が「n」より下であれば真を返す

●【文字列操作】

string.byte(s, [i, [j]])	文字列「s」の文字コード値を返す
string.char(...)	文字コード値から文字列を生成する
string.dump(function, [strip])	指定された関数の「バイナリ文字列」を返す
string.find(s, pattern, [init, [plain]])	文字列「s」からマッチする pattern を検索する
string.format(formatstring, ...)	指定された書式に従った文字列を返す
string.gmatch(s, pattern)	マッチした pattern 順に「イテレータ関数」を返す
string.gsub(s, pattern, repl, [n])	マッチした pattern を「指定文字列」で置換する
string.len(s)	文字列の長さを返す
string.lower(s)	文字列中の「大文字」をすべて「小文字」に変換する
string.match(s, pattern, [init])	文字列「s」からマッチする pattern を検索する
string.pack(fmt, v1, v2, ...)	書式「fmt」に従い、「バイナリ文字列」にして返す
string.packsize(fmt)	「string.pack」で返される文字列のサイズを返す
string.rep(s, n, [sep])	文字列「s」を「sep」で区切って n 個連結した文字列を返す
string.reverse(s)	反転文字列を返す
string.sub(s, i, [j])	文字列「s」のi文字目からj文字目までの部分を返す
string.unpack(fmt, s, [pos])	書式「fmt」に従って文字列「s」にパックされた値を返す
string.upper(s)	文字列中の「小文字」を、すべて「大文字」に変換する

●【テーブル操作】

table.concat(list, [sep, [i, [j]]])	テーブルの各要素を「sep」で結合して返す
table.insert(list, [pos], value)	「list」の位置「pos」に、要素「value」を挿入する
table.move(a1, f, e, t, [a2])	テーブル「a1」の要素をテーブル「a2」に移動する
table.pack(...)	指定した引数をすべて格納した新しいテーブルを返す
table.remove(list, [pos])	「list」から位置「pos」の要素を切り出して返す
table.sort(list, [comp])	「list」の要素をソートする
table.unpack(list, [i, [j]])	指定されたリストの要素を返す

　各命令の詳細説明は、以下の「Lua」関連サイトを参照してください。

Lua 公式サイト https://www.lua.org **Lua リファレンスマニュアル (日本語訳)** http://milkpot.sakura.ne.jp/lua/

いかがでしたでしょうか？

本書では、初心者を脱して今よりもちょっとレベルの高いゲーム・プログラミングにトライしたい人のために、腕の立つゲーム作者の皆さんにお願いしてプログラムのレシピを自ら解説してもらいました。

ゲームを作る際のコツや定番の技法を知ることのできる実践的なノウハウが散りばめられています。

*

プログラミングは自由な工作をデジタルでやるようなものです。想像力を刺激し、楽しく頭脳を鍛えてくれる知的な冒険遊びです。

「TIC-80」は、そんなデジタル工作を始めるにはうってつけの道具箱です。

さらに、ベースとなっている「Lua」は、ユーザーの豊かな想像力にも応えられる柔軟な仕様のプログラム言語です。

ぜひともこの優れた道具を使いこなせるようになって、素材（絵や音）を華麗に調理し、美味しい料理（ゲーム）を作ってください！

*

最後に、多大なるご協力をいただいたホビープログラミングのマイスターの方々に、海より深く感謝を申し上げます。

悠黒 喧史

索　引

[執筆者]

[監修・執筆]

悠黒喧史 (ゆうこく・けんじ)
マイコン黎明期からプログラミングをつまみ食い程度に嗜み、広く浅く楽しんできた苦労知らずのホビープログラマー。好きなことしか書けない趣味ライターでもある。
ミッキーとマイタケを溺愛し、タマネギを敬愛する HSP(Hot Soup Processor) エヴァンジェリスト。最近は似非 BASIS で禄を食む。

[執筆・協力]

法貴優雅@MYAOSOFT (ほうき・ゆうが)
欲が多ければ、身を滅ぼす。欲がなければ、生きる価値が分からない。それなりにそれなり、法貴優雅です。

SUMA
高校のときに「HSP」でプログラムを初めて、それ以来ゲーム作りを楽しんでます。自分も遊んでる人も楽しくをモットーにしてます。

26℃
TIC-80 にであえてよかったです、他の作者さんのカートリッジを見ていろいろ勉強になりました。今回挑戦できなかったサウンドづくりに挑戦してみたいなぁ。

魚鈎 (うおかぎ)
MSX のころからプログラミングに触れていながら、自分でゲームを作ったのは TIC-80 が初めてです。今後もいろいろ作っていけたらなあと思っています！

NOW PRINTING

常磐祐矢 (ときわ・ゆうや)
http://yygames.g2.xrea.com

本書の内容に関するご質問は、

①返信用の切手を同封した手紙
②往復はがき
③FAX(03)5269-6031
　(ご自宅の FAX 番号を明記してください)
④E-mail　editors@kohgakusha.co.jp

のいずれかで、工学社 I/O 編集部宛にお願いします。
電話によるお問い合わせはご遠慮ください。

I/O BOOKS

2D ドットゲーム クックブック

2020年3月25日　初版発行　ⓒ 2020	監 修	悠黒　喧史
	発行人	星　正明
	発行所	株式会社 工学社
		〒160-0004 東京都新宿区四谷4-28-20 2F
	電話	(03)5269-2041(代) [営業]
		(03)5269-6041(代) [編集]
※定価はカバーに表示してあります。	振替口座	00150-6-22510

[印刷] (株)エーヴィスシステムズ　　　　　　　　　　　　　ISBN978-4-7775-2102-9